Bauordnung des Landes Sachsen-Anhalt
(BauO LSA)

Textausgabe für Studium und Beruf

Impressum

© MGJV-Verlag, Hans-Much-Weg 14, 20249 Hamburg, Telefon: 040/ 32030589; Bitte wenden Sie sich mit Ihren Anliegen auch auf elektronischem Wege an uns: MGJV.Verlag@gmail.com

Inhaltliche Verantwortung und Aktualität: Redaktion MGJV

Satz, Druck und Bindung: Externe Dienstleister; alle Rechte MGJV-Verlag

Umschlaggestaltung: Gustav Broedecker. Alle Rechte MGJV-Verlag

Wir sind bemüht, ein ansprechendes Produkt zu gestalten, dass angemessenen Ansprüchen an das Preis/Leistungsverhältnis und vernünftigen Qualitätserwartungen gerecht wird. Konstruktive Anregungen nutzen wir gerne, um künftige Auflagen zu ergänzen und anzupassen.

- - - - -

Über eine Bewertung bei Amazon oder anderen Distributoren freut sich die Redaktion Mit Kritik und Verbesserungsvorschlägen für künftige Ausgaben wenden Sie sich auch gerne an MGJV.Verlag@gmail.com

Vielen Dank, Ihre Redaktion MGJV

Inhaltsverzeichnis

3

Bauordnung des Landes Sachsen-Anhalt
(BauO LSA)
in der Fassung der Bekanntmachung vom 10. September 2013
Zum 31.03.2015 aktuellste verfügbare Fassung der Gesamtausgabe. Letzte berücksichtigte Änderung: § 70 Abs. 2 geändert durch Artikel 13 des Gesetzes vom 17. Juni 2014

Teil 1

Allgemeine Vorschriften

§ 1
Anwendungsbereich

(1) Dieses Gesetz gilt für bauliche Anlagen und Bauprodukte. Es gilt auch für Grundstücke sowie für andere Anlagen und Einrichtungen, an die in diesem Gesetz oder aufgrund dieses Gesetzes erlassener Vorschriften Anforderungen gestellt werden.

(2) Dieses Gesetz gilt nicht für

1.

   Anlagen des öffentlichen Verkehrs einschließlich Zubehör, Nebenanlagen und Nebenbetrieben, mit Ausnahme von Gebäuden,

2.

   Anlagen, die der Bergaufsicht unterliegen, mit Ausnahme von Gebäuden,

3.

   Anlagen zur Gewinnung von Bodenschätzen, mit Ausnahme von Gebäuden,

4.

   Leitungen, die der öffentlichen Versorgung mit Wasser, Gas, Elektrizität, Wärme, der öffentlichen Abwasserbeseitigung oder der Telekommunikation dienen,

5.

   Rohrleitungen, die dem Ferntransport von Stoffen dienen,

6.

   Krane, mit Ausnahme von Kranbahnträgern und deren Unterstützungen, sowie

7.

Messestände in Messe- und Ausstellungsgebäuden.

§ 2
Begriffe

(1) Anlagen sind bauliche Anlagen sowie andere Anlagen und Einrichtungen im Sinne des § 1 Abs. 1 Satz 2. Bauliche Anlagen sind mit dem Erdboden verbundene, aus Bauprodukten hergestellte Anlagen. Eine Verbindung mit dem Boden besteht auch dann, wenn die Anlage durch eigene Schwere auf dem Boden ruht oder auf ortsfesten Bahnen begrenzt beweglich ist oder wenn die Anlage nach ihrem Verwendungszweck dazu bestimmt ist, überwiegend ortsfest genutzt zu werden. Bauliche Anlagen sind auch

1.

Aufschüttungen und Abgrabungen,

2.

Lagerplätze, Abstellplätze und Ausstellungsplätze,

3.

Sport- und Spielflächen,

4.

Campingplätze, Wochenendplätze und Zeltplätze,

5.

Freizeit- und Vergnügungsparks,

6.

Stellplätze für Kraftfahrzeuge,

7.

Gerüste,

8.

Hilfseinrichtungen zur statischen Sicherung von Bauzuständen.

(2) Gebäude sind selbstständig nutzbare, überdeckte bauliche Anlagen, die von Menschen betreten werden können und geeignet oder bestimmt sind, dem Schutz von Menschen, Tieren oder Sachen zu dienen. Windkraftanlagen gelten nicht als Gebäude im Sinne dieses Gesetzes.

(3) Gebäude werden in folgende Gebäudeklassen eingeteilt:

1.

Gebäudeklasse 1:

a)

freistehende Gebäude mit einer Höhe bis zu 7 m und nicht mehr als zwei Nutzungseinheiten von insgesamt nicht mehr als 400 m^{2}Grundfläche und

b)

freistehende land- oder forstwirtschaftlich genutzte Gebäude,

2.

Gebäudeklasse 2:

Gebäude mit einer Höhe bis zu 7 m und nicht mehr als zwei Nutzungseinheiten von insgesamt nicht mehr als 400 m^2 Grundfläche,

3.

Gebäudeklasse 3:

sonstige Gebäude mit einer Höhe bis zu 7 m,

4.

Gebäudeklasse 4:

Gebäude mit einer Höhe bis zu 13 m und Nutzungseinheiten mit jeweils nicht mehr als 400 m^2 Grundfläche,

5.

Gebäudeklasse 5:

sonstige Gebäude einschließlich unterirdischer Gebäude.

Höhe im Sinne des Satzes 1 ist das Maß der Fußbodenoberkante des höchstgelegenen Geschosses, in dem ein Aufenthaltsraum möglich ist, über der

Geländeoberfläche im Mittel. Die Grundflächen der Nutzungseinheiten im Sinne dieses Gesetzes sind die Brutto-Grundflächen; bei der Berechnung der Grundflächen nach Satz 1 bleiben Flächen in Kellergeschossen außer Betracht.

(4) Sonderbauten sind Anlagen und Räume besonderer Art oder Nutzung, die einen der nachfolgenden Tatbestände erfüllen:

1.

Gebäude mit einer Höhe nach Absatz 3 Satz 2 von mehr als 22 m (Hochhäuser),

2.

bauliche Anlagen mit einer Höhe von mehr als 30 m,

3.

Gebäude mit mehr als 1 600 m² Grundfläche des Geschosses mit der größten Ausdehnung, mit Ausnahme von Wohngebäuden und Garagen,

4.

Verkaufsstätten, deren Verkaufsräume und Ladenstraßen eine Grundfläche von insgesamt mehr als 800 m² haben,

5.

Gebäude mit Räumen, die einer Büro- oder Verwaltungsnutzung dienen und einzeln eine Grundfläche von mehr als 400 m² haben,

6.

Gebäude mit Räumen, die einzeln für die Nutzung durch mehr als 100 Personen bestimmt sind,

7.

Versammlungsstätten

a)

mit Versammlungsräumen, die insgesamt mehr als 200 Personen fassen, wenn diese Versammlungsräume gemeinsame Rettungswege haben,

b)

im Freien mit Szenenflächen sowie Freisportanlagen jeweils mit

Tribünen, die keine Fliegenden Bauten sind und insgesamt mehr als 1 000 Besucher und Besucherinnen fassen,

8.

Schank- und Speisegaststätten mit mehr als 40 Gastplätzen, Beherbergungsstätten mit mehr als zwölf Betten und Spielhallen mit mehr als 150 m^2 Grundfläche,

9.

Gebäude mit Nutzungseinheiten zum Zwecke der Pflege oder Betreuung von Personen mit Pflegebedürftigkeit oder Behinderungen, deren Selbstrettungsfähigkeit eingeschränkt ist, wenn die Nutzungseinheiten

a)

einzeln für mehr als acht Personen,

b)

für Personen mit Intensivpflegebedarf oder

c)

einen gemeinsamen Rettungsweg haben und für insgesamt mehr als zwölf Personen

bestimmt sind,

10.

Krankenhäuser,

11.

sonstige Einrichtungen zur Unterbringung von Personen, wie Gemeinschaftsunterkünfte für Asylbewerber und Asylbewerberinnen, sowie Wohnheime,

12.

Tageseinrichtungen einschließlich Tagespflegestellen für mehr als zehn Kinder sowie Einrichtungen der Tages- und Nachtpflege für Menschen mit Behinderungen und ältere Menschen,

13.

Schulen, Hochschulen und ähnliche Einrichtungen,

14.

Justizvollzugsanstalten und bauliche Anlagen für den Maßregelvollzug,

15.

Campingplätze, Wochenendplätze und Zeltplätze,

16.

Freizeit- und Vergnügungsparks,

17.

Fliegende Bauten, soweit sie einer Ausführungsgenehmigung bedürfen,

18.

Regallager mit einer Oberkante Lagerguthöhe von mehr als 7,50 m,

19.

bauliche Anlagen, deren Nutzung durch Umgang oder Lagerung von Stoffen mit Explosions- oder erhöhter Brandgefahr verbunden ist, und

20.

Anlagen und Räume, die in den Nummern 1 bis 19 nicht aufgeführt und deren Art oder Nutzung mit vergleichbaren Gefahren verbunden sind.

(5) Aufenthaltsräume sind Räume, die nicht nur zum vorübergehenden Aufenthalt von Menschen bestimmt oder geeignet sind.

(6) Geschosse sind oberirdische Geschosse, wenn ihre Deckenoberkanten im Mittel mehr als 1,60 m über die Geländeoberfläche hinausragen; im Übrigen sind sie Kellergeschosse. Hohlräume zwischen der obersten Decke und der Bedachung, in denen Aufenthaltsräume nicht möglich sind, sind keine Geschosse.

(7) Stellplätze sind Flächen, die dem Abstellen von Kraftfahrzeugen außerhalb der öffentlichen Verkehrsflächen dienen. Garagen sind Gebäude oder Gebäudeteile zum Abstellen von Kraftfahrzeugen. Ausstellungs-, Verkaufs-, Werk- und Lagerräume für Kraftfahrzeuge sind keine Stellplätze oder Garagen.

(8) Feuerstätten sind in oder an Gebäuden ortsfest genutzte Anlagen oder Einrichtungen, die dazu bestimmt sind, durch Verbrennung Wärme zu erzeugen.

(9) Barrierefrei sind bauliche Anlagen, soweit sie für Menschen mit Behinderungen in der allgemein üblichen Weise, ohne besondere Erschwernis und grundsätzlich ohne fremde Hilfe zugänglich und nutzbar sind (Barrierefreiheit).

(10) Bauprodukte sind

1.

    Baustoffe, Bauteile und Anlagen, die hergestellt werden, um dauerhaft in bauliche Anlagen eingebaut zu werden,

2.

    aus Baustoffen und Bauteilen vorgefertigte Anlagen, die hergestellt werden, um mit dem Erdboden verbunden zu werden wie Fertighäuser, Fertiggaragen und Silos.

(11) Bauart ist das Zusammenfügen von Bauprodukten zu baulichen Anlagen oder Teilen von baulichen Anlagen.

§ 3
Allgemeine Anforderungen

(1) Anlagen sind so anzuordnen, zu errichten, zu ändern und instand zu halten, dass die öffentliche Sicherheit und Ordnung, insbesondere Leben, Gesundheit und die natürlichen Lebensgrundlagen, nicht gefährdet werden.

(2) Bauprodukte und Bauarten dürfen nur verwendet oder angewendet werden, wenn bei ihrer Verwendung oder Anwendung die Anlagen bei ordnungsgemäßer Instandhaltung während einer dem Zweck entsprechenden angemessenen Zeitdauer die Anforderungen dieses Gesetzes oder aufgrund dieses Gesetzes erlassener Vorschriften erfüllen und gebrauchstauglich sind.

(3) Die von der obersten Bauaufsichtsbehörde durch öffentliche Bekanntmachung im Ministerialblatt für das Land Sachsen-Anhalt als Technische Baubestimmungen eingeführten technischen Regeln sind zu beachten. Dies gilt insbesondere für Regeln zur Barrierefreiheit. Bei der Bekanntmachung kann hinsichtlich ihres Inhalts auf die Fundstelle verwiesen werden. Von den Technischen Baubestimmungen kann abgewichen werden, wenn mit einer anderen Lösung in gleichem Maße die allgemeinen Anforderungen des Absatzes 1 erfüllt werden; § 17 Abs. 3 und § 21 bleiben unberührt.

(4) Für die Beseitigung von Anlagen und für die Änderung ihrer Nutzung gelten die Absätze 1 und 3 entsprechend.

(5) Bauprodukte und Bauarten, die in Vorschriften anderer Vertragsstaaten des Abkommens vom 2. Mai 1992 über den Europäischen Wirtschaftsraum (ABl. EG Nr. L 1 S. 1, 3), zuletzt geändert durch Beschluss des Gemeinsamen EWR-Ausschusses vom 6. Februar 2004 (ABl. EU Nr. L 116 S. 44), genannten technischen Anforderungen entsprechen, dürfen verwendet oder angewendet

werden, wenn das geforderte Schutzniveau in Bezug auf Sicherheit, Gesundheit und Gebrauchstauglichkeit gleichermaßen dauerhaft erreicht wird.

Teil 2

Das Grundstück und seine Bebauung

§ 4

Bebauung der Grundstücke mit Gebäuden

(1) Gebäude dürfen nur errichtet werden, wenn das Grundstück in angemessener Breite an einer befahrbaren öffentlichen Verkehrsfläche liegt oder wenn das Grundstück eine befahrbare, rechtlich gesicherte Zufahrt zu einer befahrbaren öffentlichen Verkehrsfläche hat.

(2) Die Anordnung eines Gebäudes auf mehreren Grundstücken ist nur zulässig, wenn öffentlich-rechtlich gesichert ist, dass dadurch keine Verhältnisse entstehen können, die den Anforderungen dieses Gesetzes oder den aufgrund dieses Gesetzes erlassenen Vorschriften widersprechen.

§ 5

Zugänge und Zufahrten auf den Grundstücken

(1) Von öffentlichen Verkehrsflächen ist insbesondere für die Feuerwehr ein geradliniger Zu- oder Durchgang zu rückwärtigen Gebäuden zu schaffen; zu anderen Gebäuden ist er zu schaffen, wenn der zweite Rettungsweg dieser Gebäude über Rettungsgeräte der Feuerwehr führt. Zu Gebäuden, bei denen die Oberkante der Brüstung der zur Rettung über Geräte der Feuerwehr bestimmten Fenster oder Stellen mehr als 8 m über Gelände liegt, ist in den Fällen des Satzes 1 anstelle eines Zu- oder Durchgangs eine Zu- oder Durchfahrt zu schaffen. Ist für die Personenrettung der Einsatz von Hubrettungsfahrzeugen erforderlich, so sind die dafür erforderlichen Aufstell- und Bewegungsflächen vorzusehen. Bei Gebäuden, die ganz oder mit Teilen mehr als 50 m von einer öffentlichen Verkehrsfläche entfernt sind, sind Zu- oder Durchfahrten nach Satz 2 zu den vor und hinter den Gebäuden gelegenen Grundstücksteilen und Bewegungsflächen herzustellen, wenn sie aus Gründen des Feuerwehreinsatzes erforderlich sind.

(2) Zu- und Durchfahrten, Aufstell- und Bewegungsflächen müssen für Feuerwehrfahrzeuge ausreichend befestigt und tragfähig sein; sie sind als solche zu kennzeichnen und ständig freizuhalten; die Kennzeichnung von Zufahrten muss von der öffentlichen Verkehrsfläche aus sichtbar sein. Fahrzeuge dürfen auf den Flächen nach Satz 1 nicht abgestellt werden.

§ 6

Abstandsflächen, Abstände

(1) Vor den Außenwänden von Gebäuden sind Abstandsflächen von oberirdischen Gebäuden freizuhalten. Satz 1 gilt entsprechend für Anlagen, von denen Wirkungen wie von Gebäuden ausgehen, gegenüber Gebäuden und Grundstücksgrenzen. Eine Abstandsfläche ist nicht erforderlich vor Außenwänden, die an Grundstücksgrenzen errichtet werden, wenn nach planungsrechtlichen Vorschriften an die Grenze gebaut werden muss oder gebaut werden darf.

(2) Abstandsflächen sowie Abstände nach § 29 Abs. 2 Nr. 1 und § 31 Abs. 2 müssen auf dem Grundstück selbst liegen. Sie dürfen auch auf öffentlichen Verkehrs-, Grün- und Wasserflächen liegen, jedoch nur bis zu deren Mitte. Abstandsflächen sowie Abstände im Sinne des Satzes 1 dürfen sich ganz oder teilweise auf andere Grundstücke erstrecken, wenn öffentlich-rechtlich gesichert ist, dass sie nicht überbaut werden; Abstandsflächen dürfen auf die auf diesen Grundstücken erforderlichen Abstandsflächen nicht angerechnet werden.

(3) Die Abstandsflächen dürfen sich nicht überdecken; dies gilt nicht für

1.

Außenwände, die in einem Winkel von mehr als 75 Grad zueinander stehen,

2.

Außenwände zu einem fremder Sicht entzogenen Gartenhof bei Wohngebäuden der Gebäudeklassen 1 und 2 und

3.

Gebäude und andere bauliche Anlagen, die in den Abstandsflächen zulässig sind.

(4) Die Tiefe der Abstandsflächen bemisst sich nach der Wandhöhe; sie wird senkrecht zur Wand gemessen. Wandhöhe ist das Maß von der Geländeoberfläche bis zum Schnittpunkt der Wand mit der Dachhaut oder bis zum oberen Abschluss der Wand. Die Höhe von Dächern mit einer Neigung von weniger als 70 Grad wird zu einem Drittel der Wandhöhe hinzugerechnet. Andernfalls wird die Höhe des Daches voll hinzugerechnet. Die Sätze 1 bis 4 gelten für Dachaufbauten entsprechend. Das sich ergebende Maß ist H.

(5) Die Tiefe der Abstandsflächen beträgt 0,4 H, mindestens 3 m. In Gewerbe- und Industriegebieten genügt eine Tiefe von 0,2 H, mindestens 3 m. Vor den Außenwänden von Wohngebäuden der Gebäudeklassen 1 und 2 mit nicht mehr als drei oberirdischen Geschossen genügt als Tiefe der Abstandsfläche 3 m. Werden von einer städtebaulichen Satzung oder einer Satzung nach § 85 Außenwände zugelassen oder vorgeschrieben, vor denen Abstandsflächen größerer oder geringerer Tiefe als nach den Sätzen 1 bis 3 liegen müssten, finden die Sätze 1 bis 3 keine Anwendung, es sei denn, die Satzung ordnet die Geltung dieser Vorschriften an.

(6) Bei der Bemessung der Abstandsflächen bleiben außer Betracht

1.

vor die Außenwand vortretende Bauteile wie Gesimse und Dachüberstände bis zu 0,80 m,

15

2.

    Vorbauten, wenn sie

    a)

        insgesamt nicht mehr als ein Drittel der Breite der jeweiligen Außenwand in Anspruch nehmen,

    b)

        nicht mehr als 1,50 m vor diese Außenwand vortreten und

    c)

        mindestens 2 m von der gegenüberliegenden Nachbargrenze entfernt bleiben, und

3.

    bei Gebäuden an der Grundstücksgrenze die Seitenwände von Vorbauten und Dachaufbauten, auch wenn sie nicht an der Grundstücksgrenze errichtet werden.

(7) Bei der Bemessung der Abstandsflächen bleiben Maßnahmen zum Zwecke der Energieeinsparung und Solaranlagen an bestehenden Gebäuden unabhängig davon, ob diese den Anforderungen der Absätze 2 bis 6 entsprechen, außer Betracht, wenn sie

1.

    eine Stärke von nicht mehr als 0,25 m aufweisen und

2.

    mindestens 2,75 m von der Nachbargrenze zurückbleiben.

(8) Für Windkraftanlagen gelten der Absatz 2 Satz 2 und die Absätze 4 bis 6 nicht. Bei diesen Anlagen bemisst sich die Tiefe der Abstandsfläche nach der größten Höhe der Anlage. Die größte Höhe errechnet sich bei Anlagen mit Horizontalachse aus der Höhe der Rotorachse über der Geländeoberfläche in der geometrischen Mitte des Mastes zuzüglich des Rotorradius. Die Abstandsfläche ist ein Kreis um den geometrischen Mittelpunkt des Mastes. Abweichend von Satz 1 beträgt beim Repowering im Sinne des § 2a Nr. 16 Buchst. b des Landesplanungsgesetzes des Landes Sachsen-Anhalt ab dem 1. September 2013 die Tiefe der Abstandsflächen 0,4 H, mindestens 3 m.

(9) In den Abstandsflächen eines Gebäudes sowie ohne eigene Abstandsflächen sind, auch wenn sie nicht an die Grundstücksgrenze oder an

das Gebäude angebaut werden, zulässig

1.

    Garagen und Gebäude ohne Aufenthaltsräume und Feuerstätten mit einer mittleren Wandhöhe bis zu 3 m und einer Gesamtlänge je Grundstücksgrenze von 9 m,

2.

    gebäudeunabhängige Solaranlagen mit einer Höhe bis zu 3 m und einer Gesamtlänge je Grundstücksgrenze von 9 m und

3.

    Stützmauern und geschlossene Einfriedungen in Gewerbe- und Industriegebieten, außerhalb dieser Baugebiete mit einer Höhe bis zu 2 m.

Die Länge der die Abstandsflächentiefe gegenüber den Grundstücksgrenzen nicht einhaltenden Bebauung nach Satz 1 Nrn. 1 und 2 darf auf einem Grundstück insgesamt 15 m nicht überschreiten.

§ 7
Teilung von Grundstücken

Durch die Teilung eines Grundstücks, das bebaut oder dessen Bebauung genehmigt ist, dürfen keine Verhältnisse geschaffen werden, die den Anforderungen dieses Gesetzes oder den aufgrund dieses Gesetzes erlassenen Vorschriften widersprechen.

§ 8
Kinderspielplätze

Bei der Errichtung von Gebäuden mit mehr als drei Wohnungen ist auf dem Baugrundstück oder in unmittelbarer Nähe auf einem anderen geeigneten Grundstück, dessen dauerhafte Nutzung für diesen Zweck rechtlich gesichert sein muss, ein ausreichend großer, barrierefrei erreichbarer Spielplatz für Kleinkinder anzulegen. Dies gilt nicht, wenn in unmittelbarer Nähe eine Gemeinschaftsanlage oder ein sonstiger für die Kinder nutzbarer Spielplatz geschaffen wird, vorhanden oder ein solcher Spielplatz wegen der Art und der Lage der Wohnungen nicht erforderlich ist. Bei bestehenden Gebäuden nach Satz 1 kann die Herstellung von barrierefrei erreichbaren Spielplätzen für Kleinkinder verlangt werden, wenn dies die Gesundheit und der Schutz der Kinder erfordern.

Teil 3
Bauliche Anlagen

Abschnitt 1
Gestaltung

§ 9
Gestaltung

Bauliche Anlagen müssen nach Form, Maßstab, Verhältnis der Baumassen und Bauteile zueinander, Werkstoff und Farbe so gestaltet sein, dass sie nicht verunstaltet wirken. Bauliche Anlagen dürfen das Straßen-, Orts- und Landschaftsbild nicht verunstalten.

§ 10
Anlagen der Außenwerbung, Warenautomaten

(1) Anlagen der Außenwerbung (Werbeanlagen) sind alle ortsfesten Einrichtungen, die der Ankündigung, Anpreisung oder als Hinweis auf Gewerbe oder Beruf dienen und vom öffentlichen Verkehrsraum aus sichtbar sind. Hierzu zählen insbesondere Schilder, Beschriftungen, Bemalungen, Lichtwerbungen, Schaukästen sowie für Zettel- und Bogenanschläge oder Lichtwerbung bestimmte Säulen, Tafeln und Flächen.

(2) Für Werbeanlagen, die bauliche Anlagen sind, gelten die in diesem Gesetz an bauliche Anlagen gestellten Anforderungen. Werbeanlagen, die keine baulichen Anlagen sind, dürfen weder bauliche Anlagen noch das Straßen-, Orts- und Landschaftsbild verunstalten oder die Sicherheit und Leichtigkeit des Verkehrs gefährden. Die störende Häufung von Werbeanlagen ist unzulässig.

(3) Im Außenbereich sind Werbeanlagen unzulässig. Ausgenommen sind, soweit in anderen Vorschriften nichts anderes bestimmt ist,

1.

   Werbeanlagen an der Stätte der Leistung,

2.

   einzelne Hinweiszeichen an Verkehrsstraßen und Wegabzweigungen, die auf außerhalb der Ortsdurchfahrten liegende Betriebe oder versteckt liegende Stätten aufmerksam machen,

3.

   Schilder, die Inhaber und Art gewerblicher Betriebe kennzeichnen (Hinweisschilder), wenn sie vor Ortsdurchfahrten auf einer Tafel zusammengefasst sind,

4.

   Werbeanlagen an und auf Flugplätzen, Sportanlagen und Versammlungsstätten, soweit sie nicht in die freie Landschaft wirken, und

5.

   Werbeanlagen auf Ausstellungs- und Messegeländen.

18

(4) Die Absätze 1 bis 3 gelten für Warenautomaten entsprechend.

(5) In Kleinsiedlungsgebieten, Dorfgebieten, reinen und allgemeinen Wohngebieten sind Werbeanlagen nur zulässig an der Stätte der Leistung. Zulässig in diesen Gebieten sind auch Anlagen für amtliche Mitteilungen und zur Unterrichtung der Bevölkerung über kirchliche, kulturelle, politische, sportliche und ähnliche Veranstaltungen; die jeweils freie Fläche dieser Anlagen darf auch für andere Werbung verwendet werden. In reinen Wohngebieten darf an der Stätte der Leistung nur mit Hinweisschildern geworben werden.

(6) Die Vorschriften dieses Gesetzes sind nicht anzuwenden auf

1.

Anschläge und Lichtwerbung an dafür genehmigten Säulen, Tafeln und Flächen,

2.

Werbemittel an Zeitungs- und Zeitschriftenverkaufsstellen,

3.

Auslagen und Dekorationen in Fenstern und Schaukästen und

4.

Werbung, die vorübergehend für öffentliche Wahlen oder Verfahren nach den Artikeln 80 oder 81 der Verfassung des Landes Sachsen-Anhalt angebracht oder aufgestellt wird.

Abschnitt 2
Allgemeine Anforderungen an die Bauausführung und das Brandverhalten von Baustoffen und Bauteilen
§ 11
Baustelle

(1) Baustellen sind so einzurichten, dass bauliche Anlagen ordnungsgemäß errichtet, geändert oder beseitigt werden können und Gefahren oder vermeidbare Belästigungen nicht entstehen.

(2) Bei Bauarbeiten, durch die unbeteiligte Personen gefährdet werden können, ist die Gefahrenzone abzugrenzen oder durch Warnzeichen zu kennzeichnen. Soweit erforderlich, sind Baustellen mit einem Bauzaun abzugrenzen, mit Schutzvorrichtungen gegen herabfallende Gegenstände zu versehen und zu beleuchten.

(3) Bei der Ausführung nicht verfahrensfreier Bauvorhaben hat der Bauherr oder die Bauherrin an der Baustelle ein Schild, das die Bezeichnung des Bauvorhabens, die Namen und Anschriften des Entwurfsverfassers oder der

19

Entwurfsverfasserin, des Bauleiters oder der Bauleiterin und des Unternehmers oder der Unternehmerin für den Rohbau enthalten muss, dauerhaft und von der öffentlichen Verkehrsfläche aus sichtbar anzubringen.

§ 12
Standsicherheit

(1) Jede Anlage muss im Ganzen und in ihren einzelnen Teilen für sich allein standsicher sein. Die Standsicherheit anderer Anlagen und die Tragfähigkeit des Baugrundes der Nachbargrundstücke dürfen nicht gefährdet werden.

(2) Die Verwendung gemeinsamer Bauteile für mehrere bauliche Anlagen ist zulässig, wenn öffentlich-rechtlich gesichert ist, dass die gemeinsamen Bauteile bei der Beseitigung der baulichen Anlage bestehen bleiben können.

§ 13
Schutz gegen schädliche Einflüsse

Anlagen müssen so angeordnet, beschaffen und gebrauchstauglich sein, dass durch Wasser, Feuchtigkeit, pflanzliche und tierische Schädlinge sowie andere chemische, physikalische oder biologische Einflüsse, Gefahren oder unzumutbare Belästigungen nicht entstehen. Dies schließt in belasteten Gebieten die Prüfung auf Kampfmittel ein. Baugrundstücke müssen für bauliche Anlagen geeignet sein.

§ 14
Brandschutz, Brandschutzanforderungen an das Brandverhalten von Baustoffen und Bauteilen

(1) Bauliche Anlagen sind so anzuordnen, zu errichten, zu ändern und instand zu halten, dass der Entstehung eines Brandes und der Ausbreitung von Feuer und Rauch (Brandausbreitung) vorgebeugt wird und bei einem Brand die Rettung von Menschen und Tieren sowie wirksame Löscharbeiten möglich sind.

(2) Baustoffe werden nach den Anforderungen an ihr Brandverhalten unterschieden in

1.

   nichtbrennbare,

2.

   schwerentflammbare und

3.

   normalentflammbare.

Baustoffe, die nicht mindestens normalentflammbar sind (leicht entflammbar), dürfen nicht verwendet werden; dies gilt nicht, wenn sie in Verbindung mit anderen Baustoffen mindestens normalentflammbar sind.

(3) Bauteile werden nach den Anforderungen an ihre Feuerwiderstandsfähigkeit

unterschieden in

1.

feuerbeständige,

2.

hochfeuerhemmende und

3.

feuerhemmende;

die Feuerwiderstandsfähigkeit bezieht sich bei tragenden und aussteifenden Bauteilen auf deren Standsicherheit im Brandfall, bei raumabschließenden Bauteilen auf deren Widerstand gegen die Brandausbreitung. Bauteile werden zusätzlich nach dem Brandverhalten ihrer Baustoffe unterschieden in

1.

Bauteile aus nichtbrennbaren Baustoffen,

2.

Bauteile, deren tragende und aussteifende Teile aus nichtbrennbaren Baustoffen bestehen und die bei raumabschließenden Bauteilen zusätzlich eine in Bauteilebene durchgehende Schicht aus nichtbrennbaren Baustoffen haben,

3.

Bauteile, deren tragende und aussteifende Teile aus brennbaren Baustoffen bestehen und die allseitig eine brandschutztechnisch wirksame Bekleidung aus nichtbrennbaren Baustoffen (Brandschutzbekleidung) und Dämmstoffe aus nichtbrennbaren Baustoffen haben und

4.

Bauteile aus brennbaren Baustoffen.

Soweit in diesem Gesetz oder in Vorschriften aufgrund dieses Gesetzes nichts anderes bestimmt ist, müssen

1.

Bauteile, die feuerbeständig sein müssen, mindestens den Anforderungen des Satzes 2 Nr. 2 und

2.

21

Bauteile, die hochfeuerhemmend sein müssen, mindestens den Anforderungen des Satzes 2 Nr. 3

entsprechen.

Wärme-, Schall-, Erschütterungsschutz

(1) Gebäude müssen einen ihrer Nutzung und den klimatischen Verhältnissen entsprechenden Wärmeschutz haben.

(2) Gebäude müssen einen ihrer Nutzung entsprechenden Schallschutz haben. Geräusche, die von ortsfesten Einrichtungen in baulichen Anlagen oder auf Baugrundstücken ausgehen, sind so zu dämmen, dass Gefahren oder unzumutbare Belästigungen nicht entstehen.

(3) Erschütterungen oder Schwingungen, die von ortsfesten Einrichtungen in baulichen Anlagen oder auf Baugrundstücken ausgehen, sind so zu dämmen, dass Gefahren oder unzumutbare Belästigungen nicht entstehen.

§ 16
Verkehrssicherheit

(1) Bauliche Anlagen und die dem Verkehr dienenden nicht überbauten Flächen von bebauten Grundstücken müssen verkehrssicher sein.

(2) Die Sicherheit und Leichtigkeit des öffentlichen Verkehrs darf durch bauliche Anlagen oder deren Nutzung nicht gefährdet werden.

Abschnitt 3
Bauprodukte, Bauarten

§ 17
Bauprodukte

(1) Bauprodukte dürfen für die Errichtung, Änderung und Instandhaltung baulicher Anlagen nur verwendet werden, wenn sie für den Verwendungszweck

1.

von den nach Absatz 2 bekannt gemachten technischen Regeln nicht oder nicht wesentlich abweichen (geregelte Bauprodukte) oder nach Absatz 3 zulässig sind und wenn sie aufgrund des Übereinstimmungsnachweises nach § 22 das Übereinstimmungszeichen (Ü-Zeichen) tragen oder

2.

nach den Vorschriften

a)

der Verordnung (EU) Nr. 305/2011 des Europäischen Parlaments und des Rates zur Festlegung harmonisierter Bedingungen für die Vermarktung von Bauprodukten und zur Aufhebung der Richtlinie

89/106/EWG des Rates vom 9. März 2011 (ABl. L 88 vom 4. 4. 2011, S. 5, L 103 vom 12. 4. 2013, S. 10),

b)

anderer unmittelbar geltender Vorschriften der Europäischen Union oder

c)

zur Umsetzung von Richtlinien der Europäischen Union, soweit diese die Grundanforderungen an Bauwerke nach Anhang I der Verordnung (EU) Nr. 305/2011 berücksichtigen,

in den Verkehr gebracht und gehandelt werden dürfen, insbesondere die CE-Kennzeichnung nach den Artikeln 8 und 9 der Verordnung (EU) Nr. 305/2011 tragen und dieses Zeichen die nach Absatz 7 Nr. 1 festgelegten Leistungsstufen oder -klassen ausweist oder die Leistung des Bauprodukts angibt.

Abweichend von Satz 1 dürfen sonstige Bauprodukte, die von allgemein anerkannten Regeln der Technik nicht abweichen, auch verwendet werden, wenn diese Regeln nicht in der Bauregelliste A bekannt gemacht sind. Sonstige Bauprodukte, die von allgemein anerkannten Regeln der Technik abweichen, bedürfen keines Nachweises ihrer Verwendbarkeit nach Absatz 3.

(2) Das Deutsche Institut für Bautechnik macht im Einvernehmen mit der obersten Bauaufsichtsbehörde für Bauprodukte, für die nicht nur die Vorschriften nach Absatz 1 Satz 1 Nr. 2 maßgebend sind, in der Bauregelliste A die technischen Regeln bekannt, die zur Erfüllung der in diesem Gesetz und aufgrund dieses Gesetzes erlassener Vorschriften an bauliche Anlagen gestellten Anforderungen erforderlich sind. Diese technischen Regeln gelten als Technische Baubestimmungen im Sinne des § 3 Abs. 3 Satz 1.

(3) Bauprodukte, für die technische Regeln in der Bauregelliste A nach Absatz 2 bekannt gemacht worden sind und die von diesen wesentlich abweichen oder für die es Technische Baubestimmungen oder allgemein anerkannte Regeln der Technik nicht gibt (nicht geregelte Bauprodukte), müssen

1.

eine allgemeine bauaufsichtliche Zulassung nach § 18,

2.

ein allgemeines bauaufsichtliches Prüfzeugnis nach § 19 oder

3.

eine Zustimmung im Einzelfall nach § 20

haben. Ausgenommen sind Bauprodukte, die für die Erfüllung der Anforderungen dieses Gesetzes oder aufgrund dieses Gesetzes erlassener Vorschriften nur eine untergeordnete Bedeutung haben und die das Deutsche Institut für Bautechnik im Einvernehmen mit der obersten Bauaufsichtsbehörde in einer Liste C öffentlich bekannt gemacht hat.

(4) Die oberste Bauaufsichtsbehörde kann durch Verordnung bestimmen, dass für bestimmte Bauprodukte, auch soweit sie Anforderungen nach anderen Rechtsvorschriften unterliegen, hinsichtlich dieser Anforderungen bestimmte Nachweise der Verwendbarkeit und bestimmte Übereinstimmungsnachweise nach Maßgabe der Absätze 1 bis 3 und 5 bis 7 und der §§ 18 bis 20 und 22 bis 25 zu führen sind, wenn die anderen Rechtsvorschriften diese Nachweise verlangen oder zulassen.

(5) Bei Bauprodukten nach Absatz 1 Satz 1 Nr. 1, deren Herstellung in außergewöhnlichem Maße von der Sachkunde und Erfahrung der damit betrauten Personen oder von einer Ausstattung mit besonderen Vorrichtungen abhängt, kann in der allgemeinen bauaufsichtlichen Zulassung, in der Zustimmung im Einzelfall oder durch Verordnung der obersten Bauaufsichtsbehörde bestimmt werden, dass der Hersteller über solche Fachkräfte und Vorrichtungen verfügt und den Nachweis hierüber gegenüber einer Prüfstelle nach § 25 zu erbringen hat. In der Verordnung können Mindestanforderungen an die Ausbildung, die durch Prüfung nachzuweisende Befähigung und die Ausbildungsstätten einschließlich der Anerkennungsvoraussetzungen gestellt werden.

(6) Für Bauprodukte, die wegen ihrer besonderen Eigenschaften oder ihres besonderen Verwendungszwecks einer außergewöhnlichen Sorgfalt bei Einbau, Transport, Instandhaltung oder Reinigung bedürfen, kann in der allgemeinen bauaufsichtlichen Zulassung, in der Zustimmung im Einzelfall oder durch Verordnung der obersten Bauaufsichtsbehörde die Überwachung dieser Tätigkeiten durch eine Überwachungsstelle nach § 25 vorgeschrieben werden.

(7) Das Deutsche Institut für Bautechnik kann im Einvernehmen mit der obersten Bauaufsichtsbehörde in der Bauregelliste B

1.

festlegen, welche Leistungsstufen oder -klassen nach Artikel 27 der Verordnung (EU) Nr. 305/2011 oder nach Vorschriften zur Umsetzung der Richtlinien der Europäischen Union Bauprodukte nach Absatz 1 Satz 1 Nr. 2 erfüllen müssen, und

2.

bekannt machen, inwieweit Vorschriften zur Umsetzung von Richtlinien der Europäischen Union die Grundanforderungen an Bauwerke nach Anhang I der Verordnung (EU) Nr. 305/2011 nicht berücksichtigen.

§ 18
Allgemeine bauaufsichtliche Zulassung

(1) Das Deutsche Institut für Bautechnik erteilt auf Antrag eine allgemeine bauaufsichtliche Zulassung für nicht geregelte Bauprodukte, wenn deren Verwendbarkeit im Sinne des § 3 Abs. 2 nachgewiesen ist.

(2) Die zur Begründung des Antrags erforderlichen Unterlagen sind beizufügen. Soweit erforderlich, sind Probestücke vom Antragsteller zur Verfügung zu stellen oder durch Sachverständige, die das Deutsche Institut für Bautechnik bestimmen kann, zu entnehmen oder Probeausführungen unter Aufsicht der Sachverständigen herzustellen. § 68 Abs. 2 gilt entsprechend.

(3) Das Deutsche Institut für Bautechnik kann für die Durchführung der Prüfung die sachverständige Stelle und für Probeausführungen die Ausführungsstelle und Ausführungszeit vorschreiben.

(4) Die allgemeine bauaufsichtliche Zulassung wird widerruflich und für eine bestimmte Frist erteilt, die in der Regel fünf Jahre beträgt. Die Zulassung kann mit Nebenbestimmungen erteilt werden. Sie kann auf schriftlichen Antrag in der Regel um fünf Jahre verlängert werden; § 72 Abs. 2 Satz 2 gilt entsprechend.

(5) Die Zulassung wird unbeschadet der privaten Rechte Dritter erteilt.

(6) Das Deutsche Institut für Bautechnik macht die von ihm erteilten allgemeinen bauaufsichtlichen Zulassungen nach Gegenstand und wesentlichem Inhalt öffentlich bekannt.

(7) Allgemeine bauaufsichtliche Zulassungen nach dem Recht anderer Länder gelten auch im Land Sachsen-Anhalt.

§ 19
Allgemeines bauaufsichtliches Prüfzeugnis

(1) Bauprodukte,

1.

   deren Verwendung nicht der Erfüllung erheblicher Anforderungen an die Sicherheit baulicher Anlagen dient oder

2.

   die nach allgemein anerkannten Prüfverfahren beurteilt werden,

bedürfen anstelle einer allgemeinen bauaufsichtlichen Zulassung nur eines allgemeinen bauaufsichtlichen Prüfzeugnisses. Das Deutsche Institut für Bautechnik macht dies mit der Angabe der maßgebenden technischen Regeln und, soweit es keine allgemein anerkannten Regeln der Technik gibt, mit der Bezeichnung der Bauprodukte im Einvernehmen mit der obersten Bauaufsichtsbehörde in der Bauregelliste A bekannt.

(2) Ein allgemeines bauaufsichtliches Prüfzeugnis wird von einer Prüfstelle nach § 25 Satz 1 Nr. 1 für nicht geregelte Bauprodukte nach Absatz 1 erteilt,

25

wenn deren Verwendbarkeit im Sinne des § 3 Abs. 2 nachgewiesen ist. § 18 Abs. 2 bis 7 gilt entsprechend. Die Behörde, die nach § 25 Satz 1 Nr. 1 oder § 84 Abs. 4 Nr. 2 für die Anerkennung von Prüf-, Zertifizierungs- und Überwachungsstellen zuständig ist, kann allgemeine bauaufsichtliche Prüfzeugnisse zurücknehmen oder widerrufen; § 1 Abs. 1 Satz 1 des Verwaltungsverfahrensgesetzes Sachsen-Anhalt in Verbindung mit den §§ 48 und 49 des Verwaltungsverfahrensgesetzes findet Anwendung.

§ 20
Nachweis der Verwendbarkeit von Bauprodukten
im Einzelfall

Mit Zustimmung der obersten Bauaufsichtsbehörde dürfen im Einzelfall

1.

Bauprodukte, die nach Vorschriften zur Umsetzung von Richtlinien der Europäischen Union in Verkehr gebracht und gehandelt werden dürfen, hinsichtlich der nicht berücksichtigten Grundanforderungen an Bauwerke im Sinne des § 17 Abs. 7 Nr. 2,

2.

Bauprodukte, die auf der Grundlage von unmittelbar geltendem Recht der Europäischen Union in Verkehr gebracht und gehandelt werden dürfen, hinsichtlich der nicht berücksichtigten Grundanforderungen an Bauwerke im Sinne des § 17 Abs. 7 Nr. 2 und

3.

nicht geregelte Bauprodukte

verwendet werden, wenn deren Verwendbarkeit im Sinne des § 3 Abs. 2 nachgewiesen ist. Wenn Gefahren im Sinne des § 3 Abs. 1 nicht zu erwarten sind, kann die oberste Bauaufsichtsbehörde im Einzelfall erklären, dass ihre Zustimmung nicht erforderlich ist.

§ 21
Bauarten

(1) Bauarten, die von Technischen Baubestimmungen wesentlich abweichen oder für die es allgemein anerkannte Regeln der Technik nicht gibt (nicht geregelte Bauarten), dürfen bei der Errichtung, Änderung und Instandhaltung baulicher Anlagen nur angewendet werden, wenn für sie

1.

eine allgemeine bauaufsichtliche Zulassung nach § 18 oder

2.

eine Zustimmung im Einzelfall nach § 20

erteilt worden ist. Anstelle einer allgemeinen bauaufsichtlichen Zulassung genügt ein allgemeines bauaufsichtliches Prüfzeugnis, wenn die Bauart nicht der Erfüllung erheblicher Anforderungen an die Sicherheit baulicher Anlagen dient oder nach allgemein anerkannten Prüfverfahren beurteilt wird. Das Deutsche Institut für Bautechnik macht diese Bauarten mit der Angabe der maßgebenden technischen Regeln und, soweit es keine allgemein anerkannten Regeln der Technik gibt, mit der Bezeichnung der Bauarten im Einvernehmen mit der obersten Bauaufsichtsbehörde in der Bauregelliste A bekannt. § 17 Abs. 5 und 6 sowie §§ 18, 19 Abs. 2 und § 20 gelten entsprechend. Wenn Gefahren im Sinne des § 3 Abs. 1 nicht zu erwarten sind, kann die oberste Bauaufsichtsbehörde im Einzelfall oder für genau begrenzte Fälle allgemein festlegen, dass eine allgemeine bauaufsichtliche Zulassung, ein allgemeines bauaufsichtliches Prüfzeugnis oder eine Zustimmung im Einzelfall nicht erforderlich ist.

(2) Die oberste Bauaufsichtsbehörde kann durch Verordnung bestimmen, dass für bestimmte Bauarten, auch soweit sie Anforderungen nach anderen Rechtsvorschriften unterliegen, Absatz 1 ganz oder teilweise anwendbar ist, wenn die anderen Rechtsvorschriften dies verlangen oder zulassen.

§ 22
Übereinstimmungsnachweis

(1) Bauprodukte bedürfen einer Bestätigung ihrer Übereinstimmung mit den technischen Regeln nach § 17 Abs. 2, den allgemeinen bauaufsichtlichen Zulassungen, den allgemeinen bauaufsichtlichen Prüfzeugnissen oder den Zustimmungen im Einzelfall; als Übereinstimmung gilt auch eine Abweichung, die nicht wesentlich ist.

(2) Die Bestätigung der Übereinstimmung erfolgt durch

1.

Übereinstimmungserklärung des Herstellers nach § 23 oder

2.

Übereinstimmungszertifikat nach § 24.

Die Bestätigung durch Übereinstimmungszertifikat kann in der allgemeinen bauaufsichtlichen Zulassung, in der Zustimmung im Einzelfall oder in der Bauregelliste A bestimmt werden, wenn dies zum Nachweis einer ordnungsgemäßen Herstellung erforderlich ist. Bauprodukte, die nicht in Serie hergestellt werden, bedürfen nur der Übereinstimmungserklärung des Herstellers nach § 23 Abs. 1, sofern nichts anderes bestimmt ist. Die oberste Bauaufsichtsbehörde kann im Einzelfall die Verwendung von Bauprodukten ohne das erforderliche Übereinstimmungszertifikat gestatten, wenn nachgewiesen ist, dass diese Bauprodukte den technischen Regeln, Zulassungen, Prüfzeugnissen oder Zustimmungen nach Absatz 1 entsprechen.

27

(3) Für Bauarten gelten die Absätze 1 und 2 entsprechend.

(4) Die Übereinstimmungserklärung und die Erklärung, dass ein Übereinstimmungszertifikat erteilt ist, hat der Hersteller durch Kennzeichnung der Bauprodukte mit dem Übereinstimmungszeichen (Ü-Zeichen) unter Hinweis auf den Verwendungszweck abzugeben.

(5) Das Ü-Zeichen ist auf dem Bauprodukt, auf einem Beipackzettel oder auf seiner Verpackung oder, wenn dies Schwierigkeiten bereitet, auf dem Lieferschein oder auf einer Anlage zum Lieferschein anzubringen.

(6) Ü-Zeichen aus anderen Ländern und aus anderen Staaten gelten auch im Land Sachsen-Anhalt.

§ 23
Übereinstimmungserklärung des Herstellers
(1) Der Hersteller darf eine Übereinstimmungserklärung nur abgeben, wenn er durch werkseigene Produktionskontrolle sichergestellt hat, dass das von ihm hergestellte Bauprodukt den maßgebenden technischen Regeln, der allgemeinen bauaufsichtlichen Zulassung, dem allgemeinen bauaufsichtlichen Prüfzeugnis oder der Zustimmung im Einzelfall entspricht.

(2) In den technischen Regeln nach § 17 Abs. 2, in der Bauregelliste A, in den allgemeinen bauaufsichtlichen Zulassungen, in den allgemeinen bauaufsichtlichen Prüfzeugnissen oder in den Zustimmungen im Einzelfall kann eine Prüfung der Bauprodukte durch eine Prüfstelle vor Abgabe der Übereinstimmungserklärung vorgeschrieben werden, wenn dies zur Sicherung einer ordnungsgemäßen Herstellung erforderlich ist. In diesen Fällen hat die Prüfstelle das Bauprodukt daraufhin zu überprüfen, ob es den maßgebenden technischen Regeln, der allgemeinen bauaufsichtlichen Zulassung, dem allgemeinen bauaufsichtlichen Prüfzeugnis oder der Zustimmung im Einzelfall entspricht.

§ 24
Übereinstimmungszertifikat
(1) Ein Übereinstimmungszertifikat ist von einer Zertifizierungsstelle nach § 25 zu erteilen, wenn das Bauprodukt

1.

   den maßgebenden technischen Regeln, der allgemeinen bauaufsichtlichen Zulassung, dem allgemeinen bauaufsichtlichen Prüfzeugnis oder der Zustimmung im Einzelfall entspricht und

2.

   einer werkseigenen Produktionskontrolle sowie einer Fremdüberwachung nach Maßgabe des Absatzes 2 unterliegt.

(2) Die Fremdüberwachung ist von Überwachungsstellen nach § 25 durchzuführen. Die Fremdüberwachung hat regelmäßig zu überprüfen, ob das

Bauprodukt den maßgebenden technischen Regeln, der allgemeinen bauaufsichtlichen Zulassung, dem allgemeinen bauaufsichtlichen Prüfzeugnis oder der Zustimmung im Einzelfall entspricht.

§ 25
Prüf-, Zertifizierungs-, Überwachungsstellen

Die oberste Bauaufsichtsbehörde kann eine natürliche oder juristische Person als

1.

   Prüfstelle für die Erteilung allgemeiner bauaufsichtlicher Prüfzeugnisse nach § 19 Abs. 2,

2.

   Prüfstelle für die Überprüfung von Bauprodukten vor Bestätigung der Übereinstimmung nach § 23 Abs. 2,

3.

   Zertifizierungsstelle nach § 24 Abs. 1,

4.

   Überwachungsstelle für die Fremdüberwachung nach § 24 Abs. 2,

5.

   Überwachungsstelle für die Überwachung nach § 17 Abs. 6 oder

6.

   Prüfstelle für die Überprüfung nach § 17 Abs. 5

anerkennen, wenn sie oder die bei ihr Beschäftigten nach ihrer Ausbildung, Fachkenntnis, persönlichen Zuverlässigkeit, ihrer Unparteilichkeit und ihren Leistungen die Gewähr dafür bieten, dass diese Aufgaben den öffentlich-rechtlichen Vorschriften entsprechend wahrgenommen werden, und wenn sie über die erforderlichen Vorrichtungen verfügen. Satz 1 ist entsprechend auf Behörden anzuwenden, wenn sie ausreichend mit geeigneten Fachkräften besetzt und mit den erforderlichen Vorrichtungen ausgestattet sind. Die Anerkennung von Prüf-, Zertifizierungs- und Überwachungsstellen anderer Länder gilt auch im Land Sachsen-Anhalt.

Abschnitt 4
Wände, Decken, Dächer

29

§ 26
Tragende und aussteifende Wände, Stützen

(1) Tragende und aussteifende Wände und Stützen müssen im Brandfall ausreichend lang standsicher sein. Sie müssen

1.

in Gebäuden der Gebäudeklasse 5 feuerbeständig,

2.

in Gebäuden der Gebäudeklasse 4 hochfeuerhemmend und

3.

in Gebäuden der Gebäudeklassen 2 und 3 feuerhemmend sein.

Satz 2 gilt

1.

für Geschosse im Dachraum nur, wenn darüber noch Aufenthaltsräume möglich sind; § 28 Abs. 3 bleibt unberührt, und

2.

nicht für Balkone, ausgenommen offene Gänge, die als notwendige Flure dienen.

(2) Im Kellergeschoss müssen tragende und aussteifende Wände und Stützen

1.

in Gebäuden der Gebäudeklassen 3 bis 5 feuerbeständig und

2.

in Gebäuden der Gebäudeklassen 1 und 2 feuerhemmend

sein.

§ 27
Außenwände

(1) Außenwände und Außenwandteile wie Brüstungen und Schürzen sind so auszubilden, dass eine Brandausbreitung auf und in diesen Bauteilen ausreichend lang begrenzt ist.

(2) Nichttragende Außenwände und nichttragende Teile tragender Außenwände müssen aus nichtbrennbaren Baustoffen bestehen; sie sind aus brennbaren Baustoffen zulässig, wenn sie als raumabschließende Bauteile feuerhemmend sind. Satz 1 gilt nicht für

1.

   Türen und Fenster,

2.

   Fugendichtungen und

3.

   brennbare Dämmstoffe in nichtbrennbaren geschlossenen Profilen der
   Außenwandkonstruktionen.

(3) Oberflächen von Außenwänden sowie Außenwandbekleidungen müssen
einschließlich der Dämmstoffe und Unterkonstruktionen schwerentflammbar
sein; Unterkonstruktionen aus normalentflammbaren Baustoffen sind zulässig,
wenn die Anforderungen nach Absatz 1 erfüllt sind. Balkonbekleidungen, die
über die erforderliche Umwehrungshöhe hinaus hochgeführt werden und mehr
als zwei Geschosse überbrückende technische Anlagenteile an Außenwänden
müssen schwerentflammbar sein. Baustoffe in Bauteilen nach Satz 1 Halbsatz
1 und Satz 2, die schwerentflammbar sein müssen, dürfen nicht brennend
abfallen oder abtropfen.

(4) Bei Außenwandkonstruktionen mit geschossübergreifenden Hohl- oder
Lufträumen wie hinterlüfteten Außenwandbekleidungen sind gegen die
Brandausbreitung besondere Vorkehrungen zu treffen. Satz 1 gilt für
Doppelfassaden entsprechend.

(5) Die Absätze 2, 3 und 4 Satz 1 gelten nicht für Gebäude der
Gebäudeklassen 1 bis 3; Absatz 4 Satz 2 gilt nicht für Gebäude der
Gebäudeklassen 1 und 2.

§ 28
Trennwände

(1) Trennwände sind raumabschließende Bauteile von Räumen oder
Nutzungseinheiten innerhalb von Geschossen. Sie sind erforderlich

1.

   zwischen Nutzungseinheiten sowie zwischen Nutzungseinheiten und
   anders genutzten Räumen, ausgenommen notwendigen Fluren,

2.

   zum Abschluss von Räumen mit Explosions- oder erhöhter Brandgefahr
   und

3.

   zwischen Aufenthaltsräumen und anders genutzten Räumen im

Kellergeschoss.

Trennwände nach Satz 2 müssen ausreichend lang widerstandsfähig gegen die Brandausbreitung sein.

(2) Trennwände nach Absatz 1 Satz 2 Nrn. 1 und 3 müssen die Feuerwiderstandsfähigkeit der tragenden und aussteifenden Bauteile des Geschosses haben, jedoch mindestens feuerhemmend sein. Trennwände nach Absatz 1 Satz 2 Nr. 2 müssen feuerbeständig sein.

(3) Die Trennwände nach Absatz 1 Satz 2 sind bis zur Rohdecke, im Dachraum bis unter die Dachhaut zu führen; werden in Dachräumen Trennwände nur bis zur Rohdecke geführt, sind diese Decken als raumabschließendes Bauteil einschließlich der sie tragenden und aussteifenden Bauteile feuerhemmend herzustellen.

(4) Öffnungen in Trennwänden nach Absatz 1 Satz 2 sind nur zulässig, wenn sie auf die für die Nutzung erforderliche Zahl und Größe beschränkt sind; sie müssen feuerhemmende, dicht- und selbstschließende Abschlüsse haben.

(5) Die Absätze 1 bis 4 gelten nicht für Wohngebäude der Gebäudeklassen 1 und 2.

§ 29
Brandwände

(1) Brandwände müssen als raumabschließende Bauteile zum Abschluss von Gebäuden (Gebäudeabschlusswand) oder zur Unterteilung von Gebäuden in Brandabschnitte (innere Brandwand) ausreichend lang die Brandausbreitung auf andere Gebäude oder Brandabschnitte verhindern.

(2) Brandwände sind erforderlich

1.

als Gebäudeabschlusswand, ausgenommen von Gebäuden ohne Aufenthaltsräume und ohne Feuerstätten mit nicht mehr als 50 m³ Brutto-Rauminhalt, wenn diese Abschlusswände an oder mit einem Abstand von weniger als 2,50 m gegenüber der Grundstücksgrenze errichtet werden, es sei denn, dass ein Abstand von mindestens 5 m zu bestehenden oder nach den baurechtlichen Vorschriften zulässigen künftigen Gebäuden gesichert ist,

2.

als innere Brandwand zur Unterteilung ausgedehnter Gebäude in Abständen von nicht mehr als 40 m,

3.

als innere Brandwand zur Unterteilung landwirtschaftlich genutzter Gebäude in Brandabschnitte von nicht mehr als 10 000 m³ Brutto-

Rauminhalt,

4.

als Gebäudeabschlusswand zwischen Wohngebäuden und angebauten landwirtschaftlich genutzten Gebäuden sowie als innere Brandwand zwischen dem Wohnteil und dem landwirtschaftlich genutzten Teil eines Gebäudes.

(3) Brandwände müssen auch unter zusätzlicher mechanischer Beanspruchung feuerbeständig sein und aus nichtbrennbaren Baustoffen bestehen. Anstelle von Brandwänden sind in den Fällen des Absatzes 2 Nrn. 1 bis 3 zulässig

1.

für Gebäude der Gebäudeklasse 4 Wände, die auch unter zusätzlicher mechanischer Beanspruchung hochfeuerhemmend sind,

2.

für Gebäude der Gebäudeklassen 1 bis 3 hochfeuerhemmende Wände,

3.

für Gebäude der Gebäudeklassen 1 bis 3 Gebäudeabschlusswände, die jeweils von innen nach außen die Feuerwiderstandsfähigkeit der tragenden und aussteifenden Teile des Gebäudes, mindestens jedoch feuerhemmende Bauteile, und von außen nach innen die Feuerwiderstandsfähigkeit feuerbeständiger Bauteile haben.

In den Fällen des Absatzes 2 Nr. 4 sind anstelle von Brandwänden feuerbeständige Wände zulässig, wenn der Brutto-Rauminhalt des landwirtschaftlich genutzten Gebäudes oder Gebäudeteils nicht größer als 2 000 m^3 ist.

(4) Brandwände müssen bis zur Bedachung durchgehen und in allen Geschossen übereinander angeordnet sein. Abweichend davon dürfen anstelle innerer Brandwände Wände geschossweise versetzt angeordnet werden, wenn

1.

die Wände im Übrigen Absatz 3 Satz 1 entsprechen,

2.

die Decken, soweit sie in Verbindung mit diesen Wänden stehen, feuerbeständig sind, aus nichtbrennbaren Baustoffen bestehen und keine Öffnungen haben,

3.

   die Bauteile, die diese Wände und Decken unterstützen, feuerbeständig
   sind und aus nichtbrennbaren Baustoffen bestehen,

4.

   die Außenwände in der Breite des Versatzes in dem Geschoss oberhalb
   oder unterhalb des Versatzes feuerbeständig sind und

5.

   Öffnungen in den Außenwänden im Bereich des Versatzes so angeordnet
   oder andere Vorkehrungen so getroffen sind, dass eine Brandausbreitung
   in andere Brandabschnitte nicht zu befürchten ist.

(5) Brandwände sind 0,30 m über die Bedachung zu führen oder in Höhe der
Dachhaut mit einer beiderseits 0,50 m auskragenden feuerbeständigen Platte
aus nichtbrennbaren Baustoffen abzuschließen; darüber dürfen brennbare Teile
des Daches nicht hinweggeführt werden. Bei Gebäuden der Gebäudeklassen 1
bis 3 sind Brandwände mindestens bis unter die Dachhaut zu führen.
Verbleibende Hohlräume sind vollständig mit nichtbrennbaren Baustoffen
auszufüllen.

(6) Müssen Gebäude oder Gebäudeteile, die über Eck zusammenstoßen, durch
eine Brandwand getrennt werden, so muss der Abstand dieser Wand von der
inneren Ecke mindestens 5 m betragen; das gilt nicht, wenn der Winkel der
inneren Ecke mehr als 120 Grad beträgt oder mindestens eine Außenwand auf
5 m Länge als öffnungslose feuerbeständige Wand aus nichtbrennbaren
Baustoffen, bei Gebäuden der Gebäudeklassen 1 bis 4 als öffnungslose
hochfeuerhemmende Wand, ausgebildet ist.

(7) Bauteile mit brennbaren Baustoffen dürfen über Brandwände nicht
hinweggeführt werden. Bei Außenwandkonstruktionen, die eine seitliche
Brandausbreitung begünstigen können, wie hinterlüftete
Außenwandbekleidungen oder Doppelfassaden, sind gegen die
Brandausbreitung im Bereich der Brandwände besondere Vorkehrungen zu
treffen. Außenwandbekleidungen von Gebäudeabschlusswänden müssen
einschließlich der Dämmstoffe und Unterkonstruktionen nichtbrennbar sein.
Bauteile dürfen in Brandwände nur so weit eingreifen, als deren
Feuerwiderstandsfähigkeit nicht beeinträchtigt wird; für Leitungen,
Leitungsschlitze und Schornsteine gilt dies entsprechend.

(8) Öffnungen in Brandwänden sind unzulässig. Sie sind in inneren
Brandwänden nur zulässig, wenn sie auf die für die Nutzung erforderliche Zahl
und Größe beschränkt sind; die Öffnungen müssen feuerbeständige, dicht- und
selbstschließende Abschlüsse haben.

(9) In inneren Brandwänden sind feuerbeständige Verglasungen nur zulässig,
wenn sie auf die für die Nutzung erforderliche Zahl und Größe beschränkt sind.

(10) Absatz 2 Nr. 1 gilt nicht für seitliche Wände von Vorbauten im Sinne des §
6 Abs. 6 Nr. 2, wenn sie von dem Nachbargebäude oder der Nachbargrenze
einen Abstand einhalten, der ihrer eigenen Ausladung entspricht, mindestens
jedoch 1 m beträgt.

(11) Die Absätze 4 bis 10 gelten entsprechend auch für Wände, die nach
Absatz 3 Satz 2 und 3 anstelle von Brandwänden zulässig sind.

§ 30
Decken

(1) Decken müssen als tragende und raumabschließende Bauteile zwischen
Geschossen im Brandfall ausreichend lang standsicher und widerstandsfähig
gegen die Brandausbreitung sein. Sie müssen

1.

  in Gebäuden der Gebäudeklasse 5 feuerbeständig,

2.

  in Gebäuden der Gebäudeklasse 4 hochfeuerhemmend und

3.

  in Gebäuden der Gebäudeklassen 2 und 3 feuerhemmend

sein. Satz 2 gilt

1.

  für Geschosse im Dachraum nur, wenn darüber Aufenthaltsräume möglich
  sind; § 28 Abs. 3 bleibt unberührt,

2.

  nicht für Balkone, ausgenommen offene Gänge, die als notwendige Flure
  dienen.

(2) Im Kellergeschoss müssen Decken

1.

  in Gebäuden der Gebäudeklassen 3 bis 5 feuerbeständig und

2.

  in Gebäuden der Gebäudeklassen 1 und 2 feuerhemmend

sein.

(3) Decken müssen feuerbeständig sein

35

1.

    unter und über Räumen mit Explosions- oder erhöhter Brandgefahr, ausgenommen in Wohngebäuden der Gebäudeklassen 1 und 2,

2.

    zwischen dem land- oder forstwirtschaftlich genutzten Teil und dem Wohnteil eines Gebäudes.

(4) Der Anschluss der Decken an die Außenwand ist so herzustellen, dass er den Anforderungen nach Absatz 1 Satz 1 genügt.

(5) Öffnungen in Decken, für die eine Feuerwiderstandsfähigkeit vorgeschrieben ist, sind nur zulässig

1.

    in Gebäuden der Gebäudeklassen 1 und 2,

2.

    innerhalb derselben Nutzungseinheit mit nicht mehr als insgesamt 400 m^2 Grundfläche in nicht mehr als zwei Geschossen und

3.

    im Übrigen, wenn sie auf die für die Nutzung erforderliche Zahl und Größe beschränkt sind und Abschlüsse mit der Feuerwiderstandsfähigkeit der Decke haben.

§ 31
Dächer

(1) Bedachungen müssen gegen eine Brandbeanspruchung von außen durch Flugfeuer und strahlende Wärme ausreichend lang widerstandsfähig sein (harte Bedachung).

(2) Bedachungen, die die Anforderungen nach Absatz 1 nicht erfüllen, sind zulässig bei Gebäuden der Gebäudeklassen 1 bis 3, wenn die Gebäude

1.

    einen Abstand von der Grundstücksgrenze von mindestens 12 m,

2.

    von Gebäuden auf demselben Grundstück mit harter Bedachung einen Abstand von mindestens 15 m,

3.

   von Gebäuden auf demselben Grundstück mit Bedachungen, die die
   Anforderungen nach Absatz 1 nicht erfüllen, einen Abstand von
   mindestens 24 m und

4.

   von Gebäuden auf demselben Grundstück ohne Aufenthaltsräume und
   ohne Feuerstätten mit nicht mehr als 50 m^3 Brutto-Rauminhalt einen
   Abstand von mindestens 5 m

einhalten. Soweit Gebäude nach Satz 1 Abstand halten müssen, genügt bei
Wohngebäuden der Gebäudeklassen 1 und 2 in den Fällen

1.

   der Nummer 1 ein Abstand von mindestens 6 m,

2.

   der Nummer 2 ein Abstand von mindestens 9 m und

3.

   der Nummer 3 ein Abstand von mindestens 12 m.

(3) Die Absätze 1 und 2 gelten nicht für

1.

   Gebäude ohne Aufenthaltsräume und ohne Feuerstätten mit nicht mehr
   als 50 m^3 Brutto-Rauminhalt,

2.

   lichtdurchlässige Bedachungen aus nichtbrennbaren Baustoffen;
   brennbare Fugendichtungen und brennbare Dämmstoffe in
   nichtbrennbaren Profilen sind zulässig,

3.

   Dachflächenfenster, Lichtkuppeln und Oberlichte von Wohngebäuden,

4.

   Eingangsüberdachungen und Vordächer aus nichtbrennbaren Baustoffen
   und

5.

    Eingangsüberdachungen aus brennbaren Baustoffen, wenn die Eingänge nur zu Wohnungen führen.

(4) Abweichend von den Absätzen 1 und 2 sind

1.

    lichtdurchlässige Teilflächen aus brennbaren Baustoffen in Bedachungen nach Absatz 1 und

2.

    begrünte Bedachungen

zulässig, wenn eine Brandentstehung bei einer Brandbeanspruchung von außen durch Flugfeuer und strahlende Wärme nicht zu befürchten ist oder Vorkehrungen hiergegen getroffen werden.

(5) Dachüberstände, Dachgesimse und Dachaufbauten, lichtdurchlässige Bedachungen, Dachflächenfenster, Lichtkuppeln, Oberlichte und technische Anlagenteile sind so anzuordnen und herzustellen, dass Feuer nicht auf andere Gebäudeteile und Nachbargrundstücke übertragen werden kann. Von Brandwänden und von Wänden, die anstelle von Brandwänden zulässig sind, müssen mindestens 1,25 m entfernt sein

1.

    Dachflächenfenster, Oberlichte, Lichtkuppeln und Öffnungen in der Bedachung, wenn diese Wände nicht mindestens 0,30 m über die Bedachung geführt sind,

2.

    technische Anlagenteile, Dachgauben und ähnliche Dachaufbauten aus brennbaren Baustoffen, wenn sie nicht durch diese Wände gegen Brandübertragung geschützt sind.

(6) Dächer von traufseitig aneinandergebauten Gebäuden müssen als raumabschließende Bauteile für eine Brandbeanspruchung von innen nach außen einschließlich der sie tragenden und aussteifenden Bauteile feuerhemmend sein. Öffnungen in diesen Dachflächen müssen waagerecht gemessen mindestens 2 m von der Brandwand oder der Wand, die anstelle der Brandwand zulässig ist, entfernt sein.

(7) Die Dächer von Anbauten, die an Außenwände mit Öffnungen oder ohne Feuerwiderstandsfähigkeit anschließen, müssen innerhalb eines Abstands von 5 m von diesen Wänden als raumabschließende Bauteile für eine Brandbeanspruchung von innen nach außen einschließlich der sie tragenden

und aussteifenden Bauteile die Feuerwiderstandsfähigkeit der Decken des Gebäudeteils haben, an den sie angebaut werden. Dies gilt nicht für Anbauten an Wohngebäude der Gebäudeklassen 1 bis 3.

(8) Dächer an Verkehrsflächen und über Eingängen müssen Vorrichtungen zum Schutz gegen das Herabfallen von Schnee und Eis haben, wenn dies die Verkehrssicherheit erfordert.

(9) Für vom Dach aus vorzunehmende Arbeiten sind sicher nutzbare Vorrichtungen anzubringen.

Abschnitt 5
Rettungswege, Öffnungen, Umwehrungen

§ 32
Erster und zweiter Rettungsweg

(1) Für Nutzungseinheiten mit mindestens einem Aufenthaltsraum, wie Wohnungen, Praxen, selbstständige Betriebsstätten, müssen in jedem Geschoss mindestens zwei voneinander unabhängige Rettungswege ins Freie vorhanden sein; beide Rettungswege dürfen jedoch innerhalb des Geschosses über denselben notwendigen Flur oder über denselben Ausgang führen.

(2) Für Nutzungseinheiten nach Absatz 1, die nicht zu ebener Erde liegen, muss der erste Rettungsweg über eine notwendige Treppe führen. Der zweite Rettungsweg kann eine weitere notwendige Treppe oder eine mit Rettungsgeräten der Feuerwehr erreichbare Stelle der Nutzungseinheit sein. Ein zweiter Rettungsweg ist nicht erforderlich, wenn die Rettung über einen sicher erreichbaren Treppenraum möglich ist, in den Feuer und Rauch nicht eindringen können (Sicherheitstreppenraum).

(3) Gebäude, deren zweiter Rettungsweg über Rettungsgeräte der Feuerwehr führt und bei denen die Oberkante der Brüstung der zur Rettung über Geräte der Feuerwehr bestimmten Fenster oder Stellen mehr als 8 m über der Geländeoberfläche liegt, dürfen nur errichtet werden, wenn die Feuerwehr über die erforderlichen Rettungsgeräte wie Hubrettungsfahrzeuge verfügt. Der zweite Rettungsweg über Rettungsgeräte der Feuerwehr ist nur zulässig, wenn keine Bedenken wegen der Personenrettung bestehen.

§ 33
Treppen

(1) Jedes nicht zu ebener Erde liegende Geschoss und der nutzbare Dachraum eines Gebäudes müssen über mindestens eine Treppe zugänglich sein (notwendige Treppe). Statt notwendiger Treppen sind Rampen mit flacher Neigung zulässig.

(2) Einschiebbare Treppen und Rolltreppen sind als notwendige Treppen unzulässig. In Gebäuden der Gebäudeklassen 1 und 2 sind einschiebbare Treppen und Leitern als Zugang zu einem Dachraum ohne Aufenthaltsraum zulässig.

(3) Notwendige Treppen sind in einem Zuge zu allen angeschlossenen Geschossen zu führen; sie müssen mit den Treppen zum Dachraum

unmittelbar verbunden sein. Dies gilt nicht für Treppen

1.

    in Gebäuden der Gebäudeklassen 1 bis 3 und

2.

    nach § 34 Abs. 1 Satz 3 Nr. 2.

(4) Die tragenden Teile notwendiger Treppen müssen

1.

    in Gebäuden der Gebäudeklasse 5 feuerhemmend und aus nichtbrennbaren Baustoffen,

2.

    in Gebäuden der Gebäudeklasse 4 aus nichtbrennbaren Baustoffen und

3.

    in Gebäuden der Gebäudeklasse 3 aus nichtbrennbaren Baustoffen oder feuerhemmend

sein. Tragende Teile von Außentreppen nach § 34 Abs. 1 Satz 3 Nr. 3 für Gebäude der Gebäudeklassen 3 bis 5 müssen aus nichtbrennbaren Baustoffen bestehen.

(5) Die nutzbare Breite der Treppenläufe und Treppenabsätze notwendiger Treppen muss für den größten zu erwartenden Verkehr ausreichen.

(6) Treppen müssen einen festen und griffsicheren Handlauf haben. Für Treppen sind Handläufe auf beiden Seiten und Zwischenhandläufe vorzusehen, soweit die Verkehrssicherheit dies erfordert.

(7) Eine Treppe darf nicht unmittelbar hinter einer Tür beginnen, die in Richtung der Treppe aufschlägt; zwischen Treppe und Tür ist ein ausreichender Treppenabsatz anzuordnen.

§ 34
Notwendige Treppenräume, Ausgänge

(1) Jede notwendige Treppe muss zur Sicherstellung der Rettungswege aus den Geschossen ins Freie in einem eigenen, durchgehenden Treppenraum (notwendiger Treppenraum) liegen. Notwendige Treppenräume müssen so angeordnet und ausgebildet sein, dass die Nutzung der notwendigen Treppen im Brandfall ausreichend lang möglich ist. Notwendige Treppen sind ohne eigenen Treppenraum zulässig

1.

in Gebäuden der Gebäudeklassen 1 und 2,

2.

für die Verbindung von höchstens zwei Geschossen innerhalb derselben Nutzungseinheit von insgesamt nicht mehr als 200 m^2 Grundfläche, wenn in jedem Geschoss ein anderer Rettungsweg erreicht werden kann, und

3.

als Außentreppe, wenn ihre Nutzung ausreichend sicher ist und im Brandfall nicht gefährdet werden kann.

(2) Von jeder Stelle eines Aufenthaltsraumes sowie eines Kellergeschosses muss mindestens ein Ausgang in einen notwendigen Treppenraum oder ins Freie in höchstens 35 m Entfernung erreichbar sein. Übereinanderliegende Kellergeschosse müssen jeweils mindestens zwei Ausgänge in notwendige Treppenräume oder ins Freie haben. Sind mehrere notwendige Treppenräume erforderlich, müssen sie so verteilt sein, dass sie möglichst entgegengesetzt liegen und dass die Rettungswege möglichst kurz sind.

(3) Jeder notwendige Treppenraum muss einen unmittelbaren Ausgang ins Freie haben. Sofern der Ausgang eines notwendigen Treppenraumes nicht unmittelbar ins Freie führt, muss der Raum zwischen dem notwendigen Treppenraum und dem Ausgang ins Freie

1.

mindestens so breit sein wie die dazugehörigen Treppenläufe,

2.

Wände haben, die die Anforderungen an die Wände des Treppenraumes erfüllen,

3.

rauchdichte und selbstschließende Abschlüsse zu notwendigen Fluren haben und

4.

ohne Öffnungen zu anderen Räumen, ausgenommen zu notwendigen Fluren, sein.

(4) Die Wände notwendiger Treppenräume müssen als raumabschließende Bauteile

1.

in Gebäuden der Gebäudeklasse 5 die Bauart von Brandwänden haben,

2.

in Gebäuden der Gebäudeklasse 4 auch unter zusätzlicher mechanischer Beanspruchung hochfeuerhemmend und

3.

in Gebäuden der Gebäudeklasse 3 feuerhemmend

sein. Dies ist nicht erforderlich für Außenwände von Treppenräumen, die aus nichtbrennbaren Baustoffen bestehen und durch andere an diese Außenwände anschließende Gebäudeteile im Brandfall nicht gefährdet werden können. Der obere Abschluss notwendiger Treppenräume muss als raumabschließendes Bauteil die Feuerwiderstandsfähigkeit der Decken des Gebäudes haben; dies gilt nicht, wenn der obere Abschluss das Dach ist und die Treppenraumwände bis unter die Dachhaut reichen.

(5) In notwendigen Treppenräumen und in Räumen nach Absatz 3 Satz 2 müssen

1.

Bekleidungen, Putze, Dämmstoffe, Unterdecken und Einbauten aus nichtbrennbaren Baustoffen bestehen,

2.

Wände und Decken aus brennbaren Baustoffen eine Bekleidung aus nichtbrennbaren Baustoffen in ausreichender Dicke haben und

3.

Bodenbeläge, ausgenommen Gleitschutzprofile, aus mindestens schwerentflammbaren Baustoffen bestehen.

(6) In notwendigen Treppenräumen müssen Öffnungen

1.

zu Kellergeschossen, zu nicht ausgebauten Dachräumen, Werkstätten, Läden, Lager- und ähnlichen Räumen sowie zu sonstigen Räumen und Nutzungseinheiten mit einer Grundfläche von mehr als 200 m^2, ausgenommen Wohnungen, mindestens feuerhemmende, rauchdichte und selbstschließende Abschlüsse,

2.

zu notwendigen Fluren rauchdichte und selbstschließende Abschlüsse und

3.

zu sonstigen Räumen und Nutzungseinheiten mindestens dicht- und selbstschließende Abschlüsse

haben. Die Feuerschutz- und Rauchschutzabschlüsse dürfen lichtdurchlässige Seitenteile und Oberlichte enthalten, wenn der Abschluss insgesamt nicht breiter als 2,50 m ist.

(7) Notwendige Treppenräume müssen zu beleuchten sein. Notwendige Treppenräume ohne Fenster müssen in Gebäuden mit einer Höhe nach § 2 Abs. 3 Satz 2 von mehr als 13 m eine Sicherheitsbeleuchtung haben.

(8) Notwendige Treppenräume müssen belüftet und zur Unterstützung wirksamer Löscharbeiten entraucht werden können. Sie müssen

1.

in jedem oberirdischen Geschoss unmittelbar ins Freie führende Fenster mit einem freien Querschnitt von mindestens 0,50 m^2 haben, die geöffnet werden können, oder

2.

an der obersten Stelle eine Öffnung zur Rauchableitung haben.

In den Fällen des Satzes 2 Nr. 1 ist in Gebäuden der Gebäudeklasse 5 an der obersten Stelle eine Öffnung zur Rauchableitung erforderlich; in den Fällen des Satzes 2 Nr. 2 sind in Gebäuden der Gebäudeklassen 4 und 5, soweit dies zur Erfüllung der Anforderungen nach Satz 1 erforderlich ist, besondere Vorkehrungen zu treffen. Öffnungen zur Rauchableitung nach den Sätzen 2 und 3 müssen in jedem Treppenraum einen freien Querschnitt von mindestens 1 m^2 und Vorrichtungen zum Öffnen ihrer Abschlüsse haben, die vom Erdgeschoss sowie vom obersten Treppenabsatz aus bedient werden können.

§ 35
Notwendige Flure, offene Gänge

(1) Flure, über die Rettungswege aus Aufenthaltsräumen oder aus Nutzungseinheiten mit Aufenthaltsräumen zu Ausgängen in notwendige Treppenräume oder ins Freie führen (notwendige Flure), müssen so angeordnet und ausgebildet sein, dass die Nutzung im Brandfall ausreichend lang möglich ist. Notwendige Flure sind nicht erforderlich

1.

in Wohngebäuden der Gebäudeklassen 1 und 2,

2.

in sonstigen Gebäuden der Gebäudeklassen 1 und 2, ausgenommen in

Kellergeschossen,

3.

innerhalb von Nutzungseinheiten mit nicht mehr als 200 m² Grundfläche und innerhalb von Wohnungen,

4.

innerhalb von Nutzungseinheiten, die einer Büro- oder Verwaltungsnutzung dienen, mit nicht mehr als 400 m² Grundfläche; dies gilt auch für Teile größerer Nutzungseinheiten, wenn diese Teile eine Fläche von 400 m² nicht überschreiten, Trennwände nach § 28 Abs. 1 Satz 2 Nr. 1 haben und jeder Teil unabhängig von anderen Teilen Rettungswege nach § 32 Abs. 1 hat.

(2) Notwendige Flure müssen so breit sein, dass sie für den größten zu erwartenden Verkehr ausreichen. In den Fluren ist eine Folge von weniger als drei Stufen unzulässig.

(3) Notwendige Flure sind durch nichtabschließbare, rauchdichte und selbstschließende Abschlüsse in Rauchabschnitte zu unterteilen. Die Rauchabschnitte sollen nicht länger als 30 m sein. Die Abschlüsse sind bis an die Rohdecke zu führen; sie dürfen bis an die Unterdecke der Flure geführt werden, wenn die Unterdecke feuerhemmend ist. Notwendige Flure mit nur einer Fluchtrichtung, die zu einem Sicherheitstreppenraum führen, dürfen nicht länger als 15 m sein. Die Sätze 1 bis 4 gelten nicht für offene Gänge nach Absatz 5.

(4) Die Wände notwendiger Flure müssen als raumabschließende Bauteile feuerhemmend, in Kellergeschossen, deren tragende und aussteifende Bauteile feuerbeständig sein müssen, feuerbeständig sein. Die Wände sind bis an die Rohdecke zu führen. Sie dürfen bis an die Unterdecke der Flure geführt werden, wenn die Unterdecke feuerhemmend und ein demjenigen nach Satz 1 vergleichbarer Raumabschluss sichergestellt ist. Türen in diesen Wänden müssen dicht schließen; Öffnungen zu Lagerbereichen im Kellergeschoss müssen feuerhemmende, dicht- und selbstschließende Abschlüsse haben.

(5) Für Wände und Brüstungen notwendiger Flure mit nur einer Fluchtrichtung, die als offene Gänge vor den Außenwänden angeordnet sind, gilt Absatz 4 entsprechend. Fenster sind in diesen Außenwänden ab einer Brüstungshöhe von 0,90 m zulässig.

(6) In notwendigen Fluren sowie in offenen Gängen nach Absatz 5 müssen

1.

Bekleidungen, Putze, Unterdecken und Dämmstoffe aus nichtbrennbaren Baustoffen bestehen und

2.

Wände und Decken aus brennbaren Baustoffen eine Bekleidung aus nichtbrennbaren Baustoffen in ausreichender Dicke haben.

§ 36
Fenster, Türen, sonstige Öffnungen

(1) Können die Fensterflächen nicht gefahrlos vom Erdboden, vom Innern des Gebäudes, von Loggien oder Balkonen aus gereinigt werden, so sind Vorrichtungen wie Aufzüge, Halterungen oder Stangen anzubringen, die eine Reinigung von außen ermöglichen.

(2) Glastüren und andere Glasflächen, die bis zum Fußboden allgemein zugänglicher Verkehrsflächen herabreichen, sind so zu kennzeichnen, dass sie leicht erkannt werden können. Weitere Schutzmaßnahmen sind für größere Glasflächen vorzusehen, wenn dies die Verkehrssicherheit erfordert.

(3) Eingangstüren von Wohnungen, die über Aufzüge erreichbar sein müssen, müssen eine lichte Durchgangsbreite von mindestens 0,90 m haben.

(4) Jedes Kellergeschoss ohne Fenster muss mindestens eine Öffnung ins Freie haben, um eine Rauchableitung zu ermöglichen. Gemeinsame Kellerlichtschächte für übereinanderliegende Kellergeschosse sind unzulässig.

(5) Fenster, die als Rettungswege nach § 32 Abs. 2 Satz 2 dienen, müssen im Lichten mindestens 0,90 m x 1,20 m groß und nicht höher als 1,20 m über der Fußbodenoberkante angeordnet sein. Liegen diese Fenster in Dachschrägen oder Dachaufbauten, so darf ihre Unterkante oder ein davor liegender Austritt von der Traufkante horizontal gemessen nicht mehr als 1 m entfernt sein.

§ 37
Umwehrungen

(1) In, an und auf baulichen Anlagen sind zu umwehren oder mit Brüstungen zu versehen:

1.

Flächen, die im Allgemeinen zum Begehen bestimmt sind und unmittelbar an mehr als 1 m tiefer liegende Flächen angrenzen; dies gilt nicht, wenn die Umwehrung dem Zweck der Flächen widerspricht, wie bei Verladerampen, Kais und Schwimmbecken,

2.

nicht begehbare Oberlichte und Glasabdeckungen in Flächen, die im Allgemeinen zum Begehen bestimmt sind, wenn sie weniger als 0,50 m aus diesen Flächen herausragen,

3.

45

Dächer oder Dachteile, die zum auch nur zeitweiligen Aufenthalt von Menschen bestimmt sind,

4.

Öffnungen in begehbaren Decken sowie in Dächern oder Dachteilen nach Nummer 3, wenn sie nicht sicher abgedeckt sind,

5.

nicht begehbare Glasflächen in Decken sowie in Dächern oder Dachteilen nach Nummer 3,

6.

die freien Seiten von Treppenläufen, Treppenabsätzen und Treppenöffnungen (Treppenaugen) und

7.

Kellerlichtschächte und Betriebsschächte, die an Verkehrsflächen liegen, wenn sie nicht verkehrssicher abgedeckt sind.

(2) In Verkehrsflächen liegende Kellerlichtschächte und Betriebsschächte sind in Höhe der Verkehrsfläche verkehrssicher abzudecken. An und in Verkehrsflächen liegende Abdeckungen müssen gegen unbefugtes Abheben gesichert sein. Fenster, die unmittelbar an Treppen liegen und deren Brüstungen unter der notwendigen Umwehrungshöhe liegen, sind zu sichern.

(3) Fensterbrüstungen von Flächen mit einer Absturzhöhe bis zu 12 m müssen mindestens 0,80 m, von Flächen mit mehr als 12 m Absturzhöhe mindestens 0,90 m hoch sein. Geringere Brüstungshöhen sind zulässig, wenn durch andere Vorrichtungen, wie Geländer, die nach Absatz 4 vorgeschriebenen Mindesthöhen eingehalten werden.

(4) Andere notwendige Umwehrungen müssen folgende Mindesthöhen haben:

1.

Umwehrungen zur Sicherung von Öffnungen in begehbaren Decken und Dächern sowie Umwehrungen von Flächen mit einer Absturzhöhe von 1 m bis zu 12 m 0,90 m und

2.

Umwehrungen von Flächen mit mehr als 12 m Absturzhöhe 1,10 m.

Technische Gebäudeausrüstung

§ 38
Aufzüge

(1) Aufzüge im Innern von Gebäuden müssen eigene Fahrschächte haben, um eine Brandausbreitung in andere Geschosse ausreichend lang zu verhindern. In einem Fahrschacht dürfen bis zu drei Aufzüge liegen. Aufzüge ohne eigene Fahrschächte sind zulässig

1.

innerhalb eines notwendigen Treppenraumes, ausgenommen in Hochhäusern,

2.

innerhalb von Räumen, die Geschosse überbrücken,

3.

zur Verbindung von Geschossen, die offen miteinander in Verbindung stehen dürfen, und

4.

in Gebäuden der Gebäudeklassen 1 und 2.

Diese müssen sicher umkleidet sein.

(2) Die Fahrschachtwände müssen als raumabschließende Bauteile

1.

in Gebäuden der Gebäudeklasse 5 feuerbeständig und aus nichtbrennbaren Baustoffen,

2.

in Gebäuden der Gebäudeklasse 4 hochfeuerhemmend und

3.

in Gebäuden der Gebäudeklasse 3 feuerhemmend

sein; Fahrschachtwände aus brennbaren Baustoffen müssen schachtseitig eine Bekleidung aus nichtbrennbaren Baustoffen in ausreichender Dicke haben. Fahrschachttüren und andere Öffnungen in Fahrschachtwänden mit erforderlicher Feuerwiderstandsfähigkeit sind so herzustellen, dass die Anforderungen nach Absatz 1 Satz 1 nicht beeinträchtigt werden.

(3) Fahrschächte müssen zu lüften sein und eine Öffnung zur Rauchableitung

mit einem freien Querschnitt von mindestens 2,5 v. H. der Fahrschachtgrundfläche, mindestens jedoch 0,10 m² haben. Diese Öffnung darf einen Abschluss haben, der im Brandfall selbsttätig öffnet und von mindestens einer geeigneten Stelle aus bedient werden kann. Die Lage der Rauchaustrittsöffnungen muss so gewählt werden, dass der Rauchaustritt durch Windeinfluss nicht beeinträchtigt wird.

(4) Gebäude mit einer nach § 2 Abs. 3 Satz 2 ermittelten Höhe von mehr als 13 m müssen Aufzüge in ausreichender Zahl haben. Von diesen Aufzügen muss mindestens ein Aufzug Kinderwagen, Rollstühle, Krankentragen und Lasten aufnehmen können und Haltestellen in allen Geschossen haben. Dieser Aufzug muss von allen Wohnungen in dem Gebäude und von der öffentlichen Verkehrsfläche aus stufenlos erreichbar sein. Haltestellen im obersten Geschoss, im Erdgeschoss und in den Kellergeschossen sind nicht erforderlich, wenn sie nur unter besonderen Schwierigkeiten hergestellt werden können.

(5) Fahrkörbe zur Aufnahme einer Krankentrage müssen eine nutzbare Grundfläche von mindestens 1,10 m x 2,10 m, zur Aufnahme eines Rollstuhls von mindestens 1,10 m x 1,40 m haben; Türen müssen eine lichte Durchgangsbreite von mindestens 0,90 m haben. In einem Aufzug für Rollstühle und Krankentragen darf der für Rollstühle nicht erforderliche Teil der Fahrkorbgrundfläche durch eine verschließbare Tür abgesperrt werden. Vor den Aufzügen muss eine ausreichende Bewegungsfläche vorhanden sein.

§ 39
Leitungsanlagen, Installationsschächte
und Installationskanäle

(1) Leitungen dürfen durch raumabschließende Bauteile, für die eine Feuerwiderstandsfähigkeit vorgeschrieben ist, nur hindurchgeführt werden, wenn eine Brandausbreitung ausreichend lang nicht zu befürchten ist oder Vorkehrungen hiergegen getroffen sind; dies gilt nicht

1.

    für Gebäude der Gebäudeklassen 1 und 2,

2.

    innerhalb von Wohnungen und

3.

    innerhalb derselben Nutzungseinheit mit einer Fläche von nicht mehr als insgesamt 400 m² in nicht mehr als zwei Geschossen.

(2) In notwendigen Treppenräumen, in Räumen nach § 34 Abs. 3 Satz 2 und in notwendigen Fluren sind Leitungsanlagen nur zulässig, wenn eine Nutzung als Rettungsweg im Brandfall ausreichend lang möglich ist.

(3) Für Installationsschächte und -kanäle gelten Absatz 1 sowie § 40 Abs. 2

Satz 1 und Abs. 3 entsprechend.

§ 40
Lüftungsanlagen

(1) Lüftungsanlagen müssen betriebssicher und brandsicher sein; sie dürfen den ordnungsgemäßen Betrieb von Feuerungsanlagen nicht beeinträchtigen.

(2) Lüftungsleitungen sowie deren Bekleidungen und Dämmstoffe müssen aus nichtbrennbaren Baustoffen bestehen; brennbare Baustoffe sind zulässig, wenn ein Beitrag der Lüftungsleitung zur Brandentstehung und Brandweiterleitung nicht zu befürchten ist. Lüftungsleitungen dürfen raumabschließende Bauteile, für die eine Feuerwiderstandsfähigkeit vorgeschrieben ist, nur überbrücken, wenn eine Brandausbreitung ausreichend lang nicht zu befürchten ist oder wenn Vorkehrungen hiergegen getroffen sind.

(3) Lüftungsanlagen sind so herzustellen, dass sie Gerüche und Staub nicht in andere Räume übertragen. Sie müssen leicht und sicher zu reinigen sein.

(4) Lüftungsanlagen dürfen nicht in Abgasanlagen eingeführt werden; die gemeinsame Nutzung von Lüftungsleitungen zur Lüftung und zur Ableitung der Abgase von Feuerstätten ist zulässig, wenn keine Bedenken wegen der Betriebssicherheit und des Brandschutzes bestehen. Die Abluft ist ins Freie zu führen. Nicht zur Lüftungsanlage gehörende Einrichtungen sind in Lüftungsleitungen unzulässig.

(5) Die Absätze 2 und 3 gelten nicht

1.

für Gebäude der Gebäudeklassen 1 und 2,

2.

innerhalb von Wohnungen und

3.

innerhalb derselben Nutzungseinheit mit einer Fläche von nicht mehr als 400 m^2 in nicht mehr als zwei Geschossen.

(6) Für raumlufttechnische Anlagen und Warmluftheizungen gelten die Absätze 1 bis 5 entsprechend.

§ 41
Feuerungsanlagen, sonstige Anlagen zur
Wärmeerzeugung und Brennstoffversorgung

(1) Feuerstätten und Abgasanlagen (Feuerungsanlagen) müssen betriebssicher und brandsicher sein.

(2) Feuerstätten dürfen in Räumen nur aufgestellt werden, wenn nach der Art der Feuerstätte und nach Lage, Größe, baulicher Beschaffenheit und Nutzung

49

der Räume Gefahren nicht entstehen.

(3) Abgase von Feuerstätten sind durch Abgasleitungen, Schornsteine und Verbindungsstücke (Abgasanlagen) so abzuführen, dass keine Gefahren oder unzumutbaren Belästigungen entstehen. Abgasanlagen sind in solcher Zahl und Lage und so herzustellen, dass die Feuerstätten des Gebäudes ordnungsgemäß angeschlossen werden können. Sie müssen leicht gereinigt werden können.

(4) Behälter und Rohrleitungen für brennbare Gase und Flüssigkeiten müssen betriebssicher und brandsicher sein. Diese Behälter sowie feste Brennstoffe sind so aufzustellen oder zu lagern, dass keine Gefahren oder unzumutbaren Belästigungen entstehen.

(5) Für die Aufstellung von ortsfesten Verbrennungsmotoren, Blockheizkraftwerken, Brennstoffzellen und Verdichtern sowie die Ableitung ihrer Verbrennungsgase gelten die Absätze 1 bis 3 entsprechend.

§ 42
Sanitäre Anlagen

Fensterlose Bäder und Toiletten sind nur zulässig, wenn eine wirksame Lüftung gewährleistet ist.

§ 43
Kleinkläranlagen, Gruben

Kleinkläranlagen und Gruben müssen wasserdicht und ausreichend groß sein. Sie müssen eine dichte und sichere Abdeckung sowie Reinigungs- und Entleerungsöffnungen haben. Diese Öffnungen dürfen nur vom Freien aus zugänglich sein. Die Anlagen sind so zu entlüften, dass Gesundheitsschäden oder unzumutbare Belästigungen nicht entstehen. Die Zuleitungen zu diesen Anlagen müssen geschlossen, dicht und, soweit erforderlich, zum Reinigen eingerichtet sein.

§ 44
Aufbewahrung fester Abfallstoffe

Feste Abfallstoffe dürfen innerhalb von Gebäuden vorübergehend aufbewahrt werden, in Gebäuden der Gebäudeklassen 3 bis 5 jedoch nur, wenn die dafür bestimmten Räume

1.

Trennwände und Decken als raumabschließende Bauteile mit der Feuerwiderstandsfähigkeit der tragenden Wände und

2.

Öffnungen vom Gebäudeinnern zum Aufstellraum mit feuerhemmenden, dicht- und selbstschließenden Abschlüssen haben,

3.

unmittelbar vom Freien entleert werden können und

4.

eine ständig wirksame Lüftung haben.

§ 45
Blitzschutzanlagen

Bauliche Anlagen, bei denen nach Lage, Bauart und Nutzung Blitzschlag leicht eintreten oder zu schweren Folgen führen kann, sind mit dauernd wirksamen Blitzschutzanlagen zu versehen.

Abschnitt 7
Nutzungsbedingte Anforderungen
§ 46
Aufenthaltsräume

(1) Aufenthaltsräume müssen eine lichte Raumhöhe von mindestens 2,40 m haben. Dies gilt nicht für Aufenthaltsräume in Wohngebäuden der Gebäudeklassen 1 und 2 sowie für Aufenthaltsräume im Dachraum.

(2) Aufenthaltsräume müssen ausreichend belüftet und mit Tageslicht belichtet werden können. Sie müssen Fenster mit einem Rohbaumaß der Fensteröffnungen von mindestens einem Achtel der Netto-Grundfläche des Raumes einschließlich der Netto-Grundfläche verglaster Vorbauten und Loggien haben.

(3) Aufenthaltsräume, deren Nutzung eine Belichtung mit Tageslicht verbietet, sowie Verkaufsräume, Schank- und Speisegaststätten, ärztliche Behandlungs-, Sport-, Spiel- und Werkräume und ähnliche Räume sind ohne Fenster zulässig.

§ 47
Wohnungen

(1) Jede Wohnung muss eine Küche oder Kochnische haben. Fensterlose Küchen oder Kochnischen sind zulässig, wenn eine wirksame Lüftung gewährleistet ist.

(2) In Wohngebäuden der Gebäudeklassen 3 bis 5 sind leicht erreichbare und gut zugängliche Abstellräume für Kinderwagen und Fahrräder sowie für jede Wohnung ein ausreichend großer Abstellraum herzustellen.

(3) Jede Wohnung muss ein Bad mit Badewanne oder Dusche sowie eine Toilette haben.

(4) In Wohnungen müssen Schlafräume und Kinderzimmer sowie Flure, über die Rettungswege aus Aufenthaltsräumen führen, jeweils mindestens einen Rauchwarnmelder haben. Die Rauchwarnmelder müssen so angebracht und betrieben werden, dass Brandrauch frühzeitig erkannt und gemeldet wird. Die Rauchwarnmelder sind auf Verlangen für Menschen mit nachgewiesener Gehörlosigkeit mit optischen Signalen auszustatten. Bestehende Wohnungen

sind bis zum 31. Dezember 2015 dementsprechend auszustatten.

§ 48
Notwendige Stellplätze,
Garagen und Abstellplätze für Fahrräder

(1) Werden bauliche Anlagen errichtet, bei denen ein Zugangs- und Abgangsverkehr mit Kraftfahrzeugen oder Fahrrädern zu erwarten ist, sind Stellplätze für Kraftfahrzeuge (notwendige Stellplätze) sowie Abstellplätze für Fahrräder auf dem Baugrundstück oder in zumutbarer Entfernung davon auf einem geeigneten Grundstück, dessen Nutzung für diesen Zweck öffentlich-rechtlich gesichert ist, herzustellen, soweit dies durch eine örtliche Bauvorschrift nach § 85 Abs. 1 Satz 4 bestimmt ist. Bei Änderungen oder bei Änderungen der Nutzung baulicher Anlagen dürfen nur Stellplätze für den Mehrbedarf verlangt werden. Die Flächen für notwendige Stellplätze können auch in Garagen angeordnet werden.

(2) Ist die Herstellung von notwendigen Stellplätzen nicht oder nur unter großen Schwierigkeiten möglich, so kann die Gemeinde verlangen, dass statt dessen der zur Herstellung Verpflichtete einen Geldbetrag zur Ablösung zahlt. Der Geldbetrag darf 60 v. H. der durchschnittlichen Herstellungskosten von Parkeinrichtungen einschließlich der Kosten des Grunderwerbs im Gemeindegebiet oder in bestimmten Teilen des Gemeindegebietes nicht übersteigen. Bei der Ermittlung des Geldbetrages bleiben die ersten acht Stellplätze außer Betracht.

(3) Die Gemeinde hat den Geldbetrag für die Ablösung von Stellplätzen zu verwenden für

1.

die Herstellung zusätzlicher oder die Instandhaltung, die Instandsetzung oder die Modernisierung bestehender Parkeinrichtungen und

2.

sonstige Maßnahmen zur Entlastung der Straßen vom ruhenden Verkehr einschließlich investiver Maßnahmen des öffentlichen Personennahverkehrs.

§ 49
Barrierefreies Bauen

(1) In Gebäuden mit mehr als zwei Wohnungen müssen die Wohnungen eines Geschosses barrierefrei nutzbar und zugänglich sein; diese Verpflichtung kann auch durch die Anordnung barrierefreier Wohnungen in entsprechendem Umfang in mehreren Geschossen erfüllt werden. § 38 Abs. 4 bleibt unberührt.

(2) Bauliche Anlagen, die öffentlich zugänglich sind, müssen in den dem allgemeinen Besucher- und Benutzerverkehr dienenden Teilen barrierefrei sein. Dies gilt insbesondere für

1.

Einrichtungen der Kultur und des Bildungswesens,

2.

Sport- und Freizeitstätten,

3.

Einrichtungen des Gesundheitswesens,

4.

Büro-, Verwaltungs- und Gerichtsgebäude,

5.

Verkaufs-, Gast- und Beherbergungsstätten und

6.

Stellplätze, Garagen und Toilettenanlagen.

Für die der zweckentsprechenden Nutzung dienenden Räume und Anlagen genügt es, wenn sie in dem erforderlichen Umfang barrierefrei sind. Toilettenräume und notwendige Stellplätze für Besucher und Besucherinnen sowie Benutzer und Benutzerinnen müssen in der erforderlichen Anzahl barrierefrei sein.

(3) Die Absätze 1 und 2 gelten nicht, soweit die Anforderungen wegen schwieriger Geländeverhältnisse, wegen des Einbaus eines sonst nicht erforderlichen Aufzugs, wegen ungünstiger vorhandener Bebauung oder im Hinblick auf die Sicherheit der Menschen mit Behinderungen nur mit einem unverhältnismäßigen Mehraufwand erfüllt werden können.

§ 50
Sonderbauten

An Sonderbauten können im Einzelfall zur Verwirklichung der allgemeinen Anforderungen nach § 3 Abs. 1 besondere Anforderungen gestellt werden. Erleichterungen können gestattet werden, soweit es der Einhaltung von Vorschriften wegen der besonderen Art oder Nutzung baulicher Anlagen oder Räume oder wegen besonderer Anforderungen nicht bedarf. Die Anforderungen und Erleichterungen nach den Sätzen 1 und 2 können sich insbesondere erstrecken auf

1.

die Anordnung der baulichen Anlagen auf dem Grundstück,

2.

die Abstände von Nachbargrenzen, von anderen baulichen Anlagen auf dem Grundstück und von öffentlichen Verkehrsflächen sowie auf die Größe der freizuhaltenden Flächen der Grundstücke,

3.

die Öffnungen nach öffentlichen Verkehrsflächen und nach angrenzenden Grundstücken,

4.

die Anlage von Zu- und Abfahrten,

5.

die Anlage von Grünstreifen, Baumpflanzungen und anderen Pflanzungen sowie die Begrünung oder Beseitigung von Halden und Gruben,

6.

die Bauart und Anordnung aller für die Stand- und Verkehrssicherheit, den Brand-, Wärme-, Schall-, Erschütterungs- oder Gesundheitsschutz wesentlichen Bauteile und die Verwendung von Baustoffen,

7.

die Brandschutzanlagen, -einrichtungen und -vorkehrungen,

8.

die Löschwasserrückhaltung,

9.

die Anordnung und Herstellung von Aufzügen, Treppen, Treppenräumen, Fluren, Ausgängen und sonstigen Rettungswegen,

10.

die Beleuchtung und Energieversorgung,

11.

die Lüftung und Rauchableitung,

12.

54

die Feuerungsanlagen, Aufstell- und Heizräume,

13.

die Wasserversorgung,

14.

die Aufbewahrung und Beseitigung von Abwasser und festen Abfallstoffen,

15.

die Stellplätze, Garagen und Abstellplätze für Fahrräder,

16.

die Barrierefreiheit,

17.

die zulässige Zahl der nutzenden Personen, Anordnung und Zahl der zulässigen Sitz- und Stehplätze insbesondere bei Versammlungsstätten, Tribünen und Fliegenden Bauten,

18.

die Zahl der Toiletten für Besucher und Besucherinnen,

19.

den Umfang, den Inhalt und die Zahl besonderer Bauvorlagen, insbesondere eines Brandschutzkonzepts,

20.

weitere zu erbringende Bescheinigungen,

21.

die Bestellung und Qualifikation des Bauleiters oder der Bauleiterin und der Fachbauleiter oder der Fachbauleiterin,

22.

den Betrieb und die Nutzung einschließlich der Bestellung und der Qualifikation des oder der Brandschutzbeauftragten und

23.

55

die Erst-, Wiederholungs- und Nachprüfungen und die Bescheinigungen, die hierüber zu erbringen sind.

Teil 4

Die am Bau Beteiligten

§ 51
Grundpflichten

Bei der Errichtung, Änderung, Nutzungsänderung und der Beseitigung von Anlagen sind der Bauherr oder die Bauherrin und im Rahmen ihres Wirkungskreises die anderen am Bau Beteiligten dafür verantwortlich, dass die öffentlich-rechtlichen Vorschriften eingehalten werden.

§ 52
Bauherr oder Bauherrin

(1) Der Bauherr oder die Bauherrin hat zur Vorbereitung, Überwachung und Ausführung eines nicht verfahrensfreien Bauvorhabens sowie zur Beseitigung von Anlagen geeignete Beteiligte nach Maßgabe der §§ 53 bis 55 zu bestellen, soweit er oder sie nicht selbst zur Erfüllung der Verpflichtungen nach diesen Vorschriften geeignet ist. Dem Bauherrn oder der Bauherrin obliegen außerdem die nach den öffentlich-rechtlichen Vorschriften erforderlichen Anträge, Anzeigen und Nachweise. Er oder sie hat vor Baubeginn den Namen des Bauleiters oder der Bauleiterin und während der Bauausführung einen Wechsel dieser Person unverzüglich der Bauaufsichtsbehörde schriftlich mitzuteilen. Wechselt der Bauherr oder die Bauherrin, hat der neue Bauherr oder die neue Bauherrin dies der Bauaufsichtsbehörde unverzüglich schriftlich mitzuteilen.

(2) Treten bei einem Bauvorhaben mehrere Personen als Bauherr oder Bauherrin auf, so kann die Bauaufsichtsbehörde verlangen, dass ihr gegenüber ein Vertreter oder eine Vertreterin bestellt wird, der oder die die dem Bauherrn oder der Bauherrin nach den öffentlich-rechtlichen Vorschriften obliegenden Verpflichtungen zu erfüllen hat. Im Übrigen findet das Verwaltungsverfahrensgesetz Sachsen-Anhalt entsprechende Anwendung.

§ 53
Entwurfsverfasser oder Entwurfsverfasserin

(1) Der Entwurfsverfasser oder die Entwurfsverfasserin muss nach Sachkunde und Erfahrung zur Vorbereitung des jeweiligen Bauvorhabens geeignet sein. Er oder sie ist für die Vollständigkeit und Brauchbarkeit seines oder ihres Entwurfs verantwortlich. Der Entwurfsverfasser oder die Entwurfsverfasserin hat dafür zu sorgen, dass die für die Ausführung notwendigen Einzelzeichnungen, Einzelberechnungen und Anweisungen den öffentlich-rechtlichen Vorschriften entsprechen.

(2) Hat der Entwurfsverfasser oder die Entwurfsverfasserin auf einzelnen Fachgebieten nicht die erforderliche Sachkunde und Erfahrung, so sind geeignete Fachplaner oder Fachplanerinnen heranzuziehen. Diese sind für die von ihnen gefertigten Unterlagen, die sie zu unterzeichnen haben, verantwortlich. Für das ordnungsgemäße Ineinandergreifen aller

Fachplanungen bleibt der Entwurfsverfasser oder die Entwurfsverfasserin verantwortlich.

<h2 style="text-align:center">§ 54</h2>
Unternehmer oder Unternehmerin

(1) Jeder Unternehmer und jede Unternehmerin ist für die mit den öffentlich-rechtlichen Anforderungen übereinstimmende Ausführung der von ihm oder ihr übernommenen Arbeiten und insoweit für die ordnungsgemäße Einrichtung und den sicheren Betrieb der Baustelle verantwortlich. Er oder sie hat die erforderlichen Nachweise über die Verwendbarkeit der verwendeten Bauprodukte und Bauarten zu erbringen und auf der Baustelle bereitzuhalten.

(2) Jeder Unternehmer und jede Unternehmerin hat auf Verlangen der Bauaufsichtsbehörde für Arbeiten, bei denen die Sicherheit der Anlage in außergewöhnlichem Maße von der besonderen Sachkenntnis und Erfahrung des Unternehmers oder der Unternehmerin oder von einer Ausstattung des Unternehmens mit besonderen Vorrichtungen abhängt, nachzuweisen, dass er oder sie für diese Arbeiten geeignet ist und über die erforderlichen Vorrichtungen verfügt.

<h2 style="text-align:center">§ 55</h2>
Bauleiter oder Bauleiterin

(1) Der Bauleiter oder die Bauleiterin hat darüber zu wachen, dass die Baumaßnahme entsprechend den öffentlich-rechtlichen Anforderungen durchgeführt wird, und die dafür erforderlichen Weisungen zu erteilen. Er oder sie hat im Rahmen dieser Aufgabe auf den sicheren bautechnischen Betrieb der Baustelle, insbesondere auf das gefahrlose Ineinandergreifen der Arbeiten der Unternehmen, zu achten. Die Verantwortlichkeit der Unternehmer und Unternehmerinnen bleibt unberührt.

(2) Der Bauleiter oder die Bauleiterin muss über die für seine oder ihre Aufgabe erforderliche Sachkunde und Erfahrung verfügen. Verfügt er oder sie auf Teilgebieten nicht über die erforderliche Sachkunde, so sind geeignete Fachbauleiter oder Fachbauleiterinnen heranzuziehen. Diese treten insoweit an die Stelle des Bauleiters oder der Bauleiterin. Der Bauleiter oder die Bauleiterin hat seine oder ihre Tätigkeit mit der Tätigkeit der Fachbauleiter oder Fachbauleiterinnen und deren Tätigkeit untereinander abzustimmen.

Teil 5

Bauaufsichtsbehörden, Verfahren

Abschnitt 1

Bauaufsichtsbehörden

<h2 style="text-align:center">§ 56</h2>
Aufbau und Zuständigkeiten
der Bauaufsichtsbehörden

(1) Bauaufsichtsbehörden sind

1.

die Landkreise und kreisfreien Städte als untere Bauaufsichtsbehörden,

2.

das Landesverwaltungsamt als obere Bauaufsichtsbehörde und

3.

das für die Bauaufsicht zuständige Ministerium als oberste Bauaufsichtsbehörde.

Für den Vollzug dieses Gesetzes sowie anderer öffentlich-rechtlicher Vorschriften für die Errichtung, Änderung, Nutzungsänderung und Beseitigung sowie die Nutzung und die Instandhaltung von Anlagen ist die untere Bauaufsichtsbehörde zuständig, soweit nichts anderes bestimmt ist.

(2) Die Bauaufsichtsbehörden sind zur Durchführung ihrer Aufgaben ausreichend mit geeigneten Fachkräften zu besetzen und mit den erforderlichen Vorrichtungen auszustatten. Den Bauaufsichtsbehörden müssen insbesondere Bedienstete, die die Laufbahnbefähigung der Laufbahngruppe 2 zweites Einstiegsamt des technischen Verwaltungsdienstes, Fachrichtung Hochbau/Städtebau, und die erforderlichen Kenntnisse der Bautechnik, der Baugestaltung und des öffentlichen Baurechts haben, und Bedienstete, die die Befähigung zum Richteramt oder die Laufbahnbefähigung der Laufbahngruppe 2 zweites Einstiegsamt des allgemeinen Verwaltungsdienstes haben oder Diplomjuristen oder Diplomjuristinnen sind, angehören. Die oberste Bauaufsichtsbehörde kann Ausnahmen gestatten.

§ 57
Aufgaben und Befugnisse der Bauaufsichtsbehörden

(1) Die unteren Bauaufsichtsbehörden werden im übertragenen Wirkungskreis tätig.

(2) Die Bauaufsichtsbehörden haben bei der Errichtung, der Änderung, der Nutzung, der Nutzungsänderung, der Instandhaltung und der Beseitigung von Anlagen darüber zu wachen, dass die öffentlich-rechtlichen Vorschriften und die aufgrund dieser Vorschriften erlassenen Anordnungen eingehalten werden, soweit nicht andere Behörden zuständig sind. Sie können in Wahrnehmung dieser Aufgaben die erforderlichen Maßnahmen treffen.

(2a) Die Bauaufsichtsbehörden haben bei Kenntnis darauf hinzuweisen, dass das Baugrundstück bereits schädlichen Einflüssen gemäß § 13 ausgesetzt war, diesen gegenwärtig ausgesetzt ist oder zukünftig ausgesetzt sein könnte.

(3) Bauaufsichtliche Genehmigungen und sonstige Maßnahmen gelten auch für und gegen Rechtsnachfolger.

(4) Die mit dem Vollzug dieses Gesetzes beauftragten Personen sind berechtigt, in Ausübung ihres Amtes Grundstücke und Anlagen einschließlich der Wohnungen zu betreten. Sind die Wohnungen in Gebrauch genommen, so dürfen sie gegen den Willen der Betroffenen nur betreten werden, wenn dies

zur Abwehr einer erheblichen Gefahr für die öffentliche Sicherheit oder Ordnung erforderlich ist. Das Grundrecht der Unverletzlichkeit der Wohnung (Artikel 13 des Grundgesetzes und Artikel 17 der Verfassung des Landes Sachsen-Anhalt) wird insoweit eingeschränkt.

(5) Die oberste Bauaufsichtsbehörde übt die Fachaufsicht über die obere und unteren Bauaufsichtsbehörden aus; sie kann einzelne Befugnisse, die ihr nach diesem Gesetz zustehen, auf andere Behörden des Landes übertragen. Die obere Bauaufsichtsbehörde übt die Fachaufsicht über die unteren Bauaufsichtsbehörden aus.

(6) Eine Fachaufsichtsbehörde kann anstelle einer nachgeordneten Behörde tätig werden, wenn diese eine Weisung der Fachaufsichtsbehörde innerhalb einer bestimmten Frist nicht befolgt oder wenn Gefahr im Verzuge ist.

Abschnitt 2
Genehmigungspflicht, Genehmigungsfreiheit

§ 58
Grundsatz

(1) Die Errichtung, Änderung und Nutzungsänderung von Anlagen bedürfen der Baugenehmigung, soweit in den §§ 59 bis 61, 75 und 76 nichts anderes bestimmt ist.

(2) Die Genehmigungsfreiheit nach den §§ 59 bis 61, 75 Abs. 2 Satz 2 und § 76 Abs. 1 Satz 1 und 4 sowie die Beschränkung der bauaufsichtlichen Prüfung nach den §§ 62, 63, 65 Abs. 4 und § 76 Abs. 3 entbinden nicht von der Verpflichtung zur Einhaltung der Anforderungen, die durch öffentlich-rechtliche Vorschriften an Anlagen gestellt werden, und lassen die bauaufsichtlichen Eingriffsbefugnisse unberührt.

(3) Bei der Durchführung dieses Gesetzes sowie der aufgrund dieses Gesetzes erlassenen Vorschriften ist die Übermittlung elektronischer Dokumente zulässig, soweit dies durch eine Verordnung bestimmt wird.

§ 59
Vorrang anderer Gestattungsverfahren

(1) Einer Baugenehmigung, Abweichung, Genehmigungsfreistellung, Zustimmung und Bauüberwachung nach diesem Gesetz bedürfen nicht

1.

nach anderen Rechtsvorschriften zulassungsbedürftige Anlagen in oder an oberirdischen Gewässern und Anlagen, die dem Ausbau, der Unterhaltung oder der Nutzung eines Gewässers dienen oder als solche gelten, ausgenommen Gebäude, die Sonderbauten sind,

2.

nach anderen Rechtsvorschriften zulassungsbedürftige Anlagen für die öffentliche Versorgung mit Elektrizität, Gas, Wärme, Wasser und für die öffentliche Verwertung oder Beseitigung von Abwässern, ausgenommen

Gebäude, die Sonderbauten sind,

3.

Werbeanlagen, soweit sie nach dem Straßenverkehrsrecht einer Ausnahmegenehmigung oder nach dem Straßenrecht einer Zulassung oder einer Ausnahmegenehmigung bedürfen,

4.

Anlagen, die nach dem Kreislaufwirtschafts- und Abfallrecht einer Genehmigung bedürfen,

5.

Anlagen, die einer Errichtungsgenehmigung nach dem Atomgesetz bedürfen,

6.

Zoos, die einer Genehmigung nach § 42 Abs. 2 Satz 1 des Bundesnaturschutzgesetzes in Verbindung mit § 26 Abs. 1 des Naturschutzgesetzes des Landes Sachsen-Anhalt bedürfen, und

7.

Anlagen, die nach dem Produktsicherheitsrecht, dem Betriebssicherheitsrecht oder nach dem Sprengstoffrecht einer Genehmigung oder Erlaubnis bedürfen und keine Sonderbauten sind.

(2) Für Anlagen, bei denen ein Gestattungsverfahren nach anderen Vorschriften durchgeführt wird und das die Baugenehmigung, die Abweichung nach § 66 oder die Zustimmung nach § 76 einschließt, erhält die nach § 56 Abs. 1 Satz 1 Nr. 1 und § 87 Abs. 3 zuständige Bauaufsichtsbehörde für ihre Leistungen die Gebühren und Auslagen nach der Baugebührenverordnung vom 4. Mai 2006 (GVBl. LSA S. 315), zuletzt geändert durch Verordnung vom 28. Oktober 2008 (GVBl. LSA S. 385).

§ 60
Verfahrensfreie Bauvorhaben,
Beseitigung von Anlagen

(1) Verfahrensfrei ist die Errichtung, Änderung oder Aufstellung für

1.

Gebäude:

a)

eingeschossige Gebäude mit einer Grundfläche bis zu 10 m², außer im Außenbereich, auch soweit sie nachfolgend von der Genehmigungsfreiheit ausgenommen sind,

b)

Garagen einschließlich überdachter Stellplätze mit einer mittleren Wandhöhe bis zu 3 m und einer Grundfläche bis zu 50 m², außer im Außenbereich, auch soweit sie nachfolgend von der Genehmigungsfreiheit ausgenommen sind,

c)

Gebäude ohne Feuerungsanlagen mit einer traufseitigen Wandhöhe bis zu 6 m, die einem land- oder forstwirtschaftlichen Betrieb im Sinne des § 35 Abs. 1 Nrn. 1 und 2 des Baugesetzbuches in Verbindung mit § 201 des Baugesetzbuches dienen, höchstens 100 m² Grundfläche haben und nur zur Unterbringung von Sachen oder zum vorübergehenden Schutz von Tieren bestimmt sind,

d)

Gebäude ohne Feuerungsanlagen mit einer Höhe bis zu 8 m, die einem land- oder forstwirtschaftlichen Betrieb im Sinne des § 35 Abs. 1 Nr. 1 oder 2 oder einem Betrieb der Tierhaltung nach § 35 Abs. 1 Nr. 4 des Baugesetzbuches dienen, höchstens 500 m² Grundfläche haben und nur zur Unterbringung von Sachen oder zum vorübergehenden Schutz von Tieren bestimmt sind, wenn der Bauherr oder die Bauherrin der Gemeinde das beabsichtigte Vorhaben durch Einreichen der erforderlichen Unterlagen zur Kenntnis gegeben hat und die Gemeinde nicht innerhalb von zwei Wochen eine vorläufige Untersagung nach § 15 Abs. 1 Satz 2 des Baugesetzbuches beantragt; teilt die Gemeinde dem Bauherrn oder der Bauherrin vor Ablauf der Frist schriftlich mit, dass sie eine vorläufige Untersagung nach § 15 Abs. 1 Satz 2 des Baugesetzbuches nicht beantragen wird, darf mit der Ausführung des Vorhabens bereits vor Ablauf der Frist begonnen werden,

e)

Kulturgewächshäuser mit einer Firsthöhe bis zu 6 m und höchstens 100 m² Grundfläche, die einem landwirtschaftlichen Betrieb im Sinne des § 35 Abs. 1 Nrn. 1 und 2 des Baugesetzbuches in Verbindung mit § 201 des Baugesetzbuches dienen,

f)

61

Kulturgewächshäuser mit einer Firsthöhe bis zu 6 m und höchstens 1 600 m^2 Grundfläche, die einem landwirtschaftlichen Betrieb im Sinne des § 35 Abs. 1 Nrn. 1 und 2 des Baugesetzbuches in Verbindung mit § 201 des Baugesetzbuches dienen, wenn der Bauherr oder die Bauherrin der Gemeinde das beabsichtigte Vorhaben durch Einreichen der erforderlichen Unterlagen zur Kenntnis gegeben hat und die Gemeinde nicht innerhalb einer Frist von zwei Wochen eine vorläufige Untersagung nach § 15 Abs. 1 Satz 2 des Baugesetzbuches beantragt; teilt die Gemeinde dem Bauherrn oder der Bauherrin vor Ablauf der Frist schriftlich mit, dass sie eine vorläufige Untersagung nach § 15 Abs. 1 Satz 2 des Baugesetzbuches nicht beantragen wird, darf mit der Ausführung des Vorhabens bereits vor Ablauf der Frist begonnen werden,

g)

Fahrgastunterstände, die dem öffentlichen Personenverkehr oder der Schülerbeförderung dienen,

h)

Schutzhütten für Wanderer, die jedermann zugänglich sind und keine Aufenthaltsräume haben,

i)

Terrassenüberdachungen mit einer Fläche bis zu 30 m^2 und einer Tiefe bis zu 3 m,

j)

Gartenlauben in Kleingartenanlagen im Sinne des § 1 Abs. 1 des Bundeskleingartengesetzes vom 28. Februar 1983 (BGBl. I S. 210), zuletzt geändert durch Artikel 11 des Gesetzes vom 19. September 2006 (BGBl. I S. 2146, 2147), und

k)

Wochenendhäuser auf genehmigten Wochenendplätzen;

2.

Anlagen der technischen Gebäudeausrüstung, ausgenommen freistehende Abgasanlagen mit einer Höhe von mehr als 10 m;

3.

Anlagen zur Nutzung erneuerbarer Energien:

a)

Solaranlagen in, an und auf Dach- und Außenwandflächen ausgenommen bei Hochhäusern sowie die damit verbundene Änderung der Nutzung oder der äußeren Gestalt des Gebäudes,

b)

Windkraftanlagen bis zu einer Gesamthöhe von 10 m und einem Rotordurchmesser bis zu 3 m in Gewerbe- und Industriegebieten, wobei sich die Gesamthöhe nach § 6 Abs. 8 Satz 3 bestimmt,

4.

Anlagen der Ver- und Entsorgung:

a)

Brunnen und

b)

Anlagen, die der Telekommunikation, der öffentlichen Versorgung mit Elektrizität, Gas, Öl, Wärme und Wasser oder der Abwasserbeseitigung dienen, mit einer Höhe bis zu 5 m und einer Grundfläche bis zu 20 m^2;

5.

Masten, Antennen und ähnliche Anlagen:

a)

unbeschadet der Nummer 4 Buchst. b Antennen einschließlich deren Masten mit einer Höhe bis zu 10 m und zugehöriger Versorgungseinheiten mit einem Brutto-Rauminhalt bis zu 10 m^3 sowie, soweit sie in, auf oder an einer bestehenden baulichen Anlage errichtet werden, die damit verbundene Änderung der Nutzung oder der äußeren Gestalt der Anlage,

b)

Masten und Unterstützungen für Fernsprechleitungen, für Leitungen zur Versorgung mit Elektrizität, für Seilbahnen und für Leitungen sonstiger Verkehrsmittel, für Sirenen und für Fahnen,

c)

Masten, die aus Gründen des Brauchtums errichtet werden,

d)

Signalhochbauten für die Landesvermessung und

e)

Flutlichtmasten mit einer Höhe bis zu 10 m;

6.

Behälter:

a)

ortsfeste Behälter für Flüssiggas mit einem Fassungsvermögen von weniger als 3 t, für nicht verflüssigte Gase mit einem Brutto-Rauminhalt bis zu 6 m^3 ,

b)

ortsfeste Behälter für brennbare oder wassergefährdende Flüssigkeiten mit einem Brutto-Rauminhalt bis zu 10 m^3 ,

c)

ortsfeste Behälter sonstiger Art mit einem Brutto-Rauminhalt bis zu 50 m^3 und einer Höhe bis zu 3 m,

d)

Gärfutterbehälter mit einer Höhe bis zu 10 m und Schnitzelgruben,

e)

Fahrsilos, Kompostanlagen und ähnliche Anlagen und

f)

Wasserbecken bis 100 m^3 Beckeninhalt;

7.

Mauern und Einfriedungen:

a)

Mauern einschließlich Stützmauern und Einfriedungen mit einer Höhe bis zu 2 m, außer im Außenbereich, und

b)

offene, sockellose Einfriedungen für Grundstücke, die einem land- oder forstwirtschaftlichen Betrieb im Sinne des § 35 Abs. 1 Nrn. 1 und 2 des Baugesetzbuches in Verbindung mit § 201 des Baugesetzbuches dienen;

8.

private Verkehrsanlagen einschließlich Brücken und Durchlässen mit einer lichten Weite bis zu 5 m und Untertunnelungen mit einem Durchmesser bis zu 3 m;

9.

Aufschüttungen und Abgrabungen mit einer Höhe oder Tiefe bis zu 3 m und einer Grundfläche bis zu 30 m^2, im Außenbereich bis zu 300 m^2;

10.

Anlagen in Gärten und zur Freizeitgestaltung:

a)

Schwimmbecken mit einem Beckeninhalt bis zu 100 m^3 einschließlich dazugehöriger luftgetragener Überdachungen, außer im Außenbereich,

b)

Sprungschanzen, Sprungtürme und Rutschbahnen mit einer Höhe bis zu 10 m sowie Skipisten,

c)

Anlagen, die der zweckentsprechenden Einrichtung von Spiel-, Abenteuerspiel-, Bolz- und Sportplätzen, Reit- und Wanderwegen, Trimm- und Lehrpfaden dienen, ausgenommen Gebäude und Tribünen,

d)

Wohnwagen, Zelte und Anlagen, die keine Gebäude sind, auf Camping-, Zelt- und Wochenendplätzen und

65

e)

Anlagen, die der Gartennutzung, der Gartengestaltung oder der zweckentsprechenden Einrichtung von Gärten dienen, wie Bänke, Sitzgruppen oder Pergolen, ausgenommen Gebäude und Einfriedungen, unbeschadet der Nummer 7;

11.

tragende und nichttragende Bauteile:

a)

nichttragende und nichtaussteifende Bauteile in baulichen Anlagen,

b)

die Änderung tragender oder aussteifender Bauteile innerhalb von Wohngebäuden der Gebäudeklassen 1 und 2,

c)

Fenster und Türen sowie die dafür bestimmten Öffnungen,

d)

Außenwandbekleidungen einschließlich Maßnahmen der Wärmedämmung, ausgenommen bei Hochhäusern, Verblendungen und Verputz baulicher Anlagen und

e)

Bedachung einschließlich Maßnahmen der Wärmedämmung, ausgenommen bei Hochhäusern;

12.

Werbeanlagen, Warenautomaten, Schilder und Tafeln:

a)

Werbeanlagen mit einer Ansichtsfläche bis zu 1 m^2 ,

b)

Warenautomaten,

c)

Werbeanlagen, die nach ihrem erkennbaren Zweck nur vorübergehend für höchstens zwei Monate angebracht werden, außer im Außenbereich,

d)

Schilder im Sinne von § 10 Abs. 3 Satz 2 Nrn. 2 und 3,

e)

Werbeanlagen in durch Bebauungsplan festgesetzten Gewerbe-, Industrie- und vergleichbaren Sondergebieten an der Stätte der Leistung mit einer Höhe bis zu 10 m sowie, soweit sie in, auf oder an einer bestehenden baulichen Anlage errichtet werden, die damit verbundene Änderung der Nutzung oder der äußeren Gestalt der Anlage und

f)

Orientierungs- und Bildtafeln über Wanderwege, Forst- und Fischereilehrpfade und über die nach dem Bundesnaturschutzgesetz und dem Naturschutzgesetz des Landes Sachsen-Anhalt geschützten Teile von Natur und Landschaft;

13.

vorübergehend aufgestellte oder nutzbare Anlagen:

a)

Baustelleneinrichtungen einschließlich der Lagerhallen, Schutzhallen und Unterkünfte,

b)

Gerüste,

c)

Toilettenwagen,

d)

Behelfsbauten, die der Landesverteidigung, dem Katastrophenschutz oder der Unfallhilfe dienen,

e)

bauliche Anlagen, die für höchstens drei Monate auf genehmigtem Messe- und Ausstellungsgelände errichtet werden, ausgenommen Fliegende Bauten,

f)

Verkaufsstände und andere bauliche Anlagen auf Straßenfesten, Volksfesten und Märkten, ausgenommen Fliegende Bauten, und

g)

Imbiss- und Verkaufswagen auf öffentlichen Verkehrsflächen;

14.

Plätze:

a)

unbefestigte Lager- und Abstellplätze, die einem land- oder forstwirtschaftlichen Betrieb im Sinne des § 35 Abs. 1 Nrn. 1 und 2 des Baugesetzbuches in Verbindung mit § 201 des Baugesetzbuches dienen,

b)

befestigte Lager- und Abstellplätze mit einer Fläche bis zu 500 m^2, die einem land- oder forstwirtschaftlichen Betrieb im Sinne des § 35 Abs. 1 Nrn. 1 oder 2 oder einem Betrieb der Tierhaltung nach § 35 Abs. 1 Nr. 4 des Baugesetzbuches dienen, wenn der Bauherr oder die Bauherrin der Gemeinde das beabsichtigte Vorhaben durch Einreichen der erforderlichen Unterlagen zur Kenntnis gegeben hat und die Gemeinde nicht innerhalb von zwei Wochen eine vorläufige Untersagung nach § 15 Abs. 1 Satz 2 des Baugesetzbuches beantragt; teilt die Gemeinde dem Bauherrn oder der Bauherrin vor Ablauf der Frist schriftlich mit, dass sie eine vorläufige Untersagung nach § 15 Abs. 1 Satz 2 des Baugesetzbuches nicht beantragen wird, darf mit der Ausführung des Vorhabens bereits vor Ablauf der Frist begonnen werden,

c)

nicht überdachte Stellplätze mit einer Fläche bis zu 50 m^2 und deren Ab- und Zufahrten und

d)

Kinderspielplätze;

15.

folgende sonstige Anlagen:

a)

Fahrradabstellanlagen,

b)

Regale mit einer Höhe bis zu 7,50 m Oberkante Lagergut,

c)

Grabdenkmale auf Friedhöfen, Feldkreuze, Denkmäler und sonstige Kunstwerke jeweils mit einer Höhe bis zu 4 m,

d)

Gaststättenerweiterungen um eine Außenbewirtschaftung, wenn die für die Erweiterung in Anspruch genommene Grundfläche 100 m^2 nicht überschreitet, und

e)

unbedeutende Anlagen oder unbedeutende Teile von Anlagen wie Hauseingangsüberdachungen, Markisen, Rollläden, Terrassen, Maschinenfundamente, Fahrzeugwaagen, Pergolen, Jägerstände, Fütterungs- und Melkstände, Bienenfreistände, Taubenhäuser, Hofeinfahrten und Vorrichtungen zum Teppichklopfen und Wäschetrocknen.

(2) Verfahrensfrei ist die Änderung der Nutzung von Anlagen, wenn

1.

für die neue Nutzung keine anderen öffentlich-rechtlichen Anforderungen nach den §§ 63 und 65 als für die bisherige Nutzung in Betracht kommen oder

2.

die Errichtung oder Änderung der Anlagen nach Absatz 1 verfahrensfrei wäre.

(3) Verfahrensfrei ist die Beseitigung von

1.

Anlagen nach Absatz 1,

2.

freistehenden Gebäuden der Gebäudeklassen 1 und 3,

3.

sonstigen Anlagen, die keine Gebäude sind, mit einer Höhe bis zu 10 m.

Im Übrigen ist die beabsichtigte Beseitigung von Anlagen mindestens einen Monat vor Beginn der Beseitigung der Bauaufsichtsbehörde anzuzeigen. Bei nicht freistehenden Gebäuden muss die Standsicherheit des Gebäudes oder der Gebäude, an die das zu beseitigende Gebäude angebaut ist, durch einen qualifizierten Tragwerksplaner oder eine qualifizierte Tragwerksplanerin im Sinne des § 65 Abs. 2 beurteilt und im erforderlichen Umfang nachgewiesen werden; die Beseitigung ist, soweit notwendig, durch den qualifizierten Tragwerksplaner oder die qualifizierte Tragwerksplanerin zu überwachen. Satz 3 gilt nicht, soweit an verfahrensfreie Gebäude angebaut ist. § 71 Abs. 6 Nr. 3 und Abs. 8 gilt entsprechend.

(4) Verfahrensfrei sind Instandhaltungsarbeiten.

(5) Verfahrensfreie Baumaßnahmen müssen den öffentlich-rechtlichen Vorschriften entsprechen.

(6) Die Verfahrensfreiheit lässt § 85 und andere öffentlich-rechtliche Vorschriften, nach denen eine Genehmigung, Erlaubnis oder Bewilligung erforderlich ist, unberührt.

§ 61
Genehmigungsfreistellung

(1) Einer Baugenehmigung bedarf unter den Voraussetzungen des Absatzes 2 nicht die Errichtung, Änderung und Nutzungsänderung von

1.

Wohngebäuden der Gebäudeklasse 1 bis 3,

2.

sonstigen Gebäuden der Gebäudeklasse 1 und 2,

3.

sonstigen baulichen Anlagen, die keine Gebäude sind, und

4.

Nebengebäuden und Nebenanlagen zu Bauvorhaben nach den Nummern 1 bis 3,

ausgenommen Sonderbauten.

(2) Nach Absatz 1 ist ein Bauvorhaben genehmigungsfrei gestellt, wenn

1.

es im Geltungsbereich eines Bebauungsplans im Sinne des § 30 Abs. 1 des Baugesetzbuches oder der §§ 12 und 30 Abs. 2 des Baugesetzbuches liegt,

2.

es den Festsetzungen des Bebauungsplans nicht widerspricht oder notwendige Ausnahmen oder Befreiungen erteilt sind,

3.

die Erschließung im Sinne des Baugesetzbuches gesichert ist und

4.

die Gemeinde nicht innerhalb der Frist nach Absatz 3 Satz 2 erklärt, dass das vereinfachte Baugenehmigungsverfahren durchgeführt werden soll, oder eine vorläufige Untersagung nach § 15 Abs. 1 Satz 2 des Baugesetzbuches beantragt.

Der Bauherr oder die Bauherrin kann durch Einreichung eines Bauantrages bestimmen, dass für die genannten Vorhaben das Baugenehmigungsverfahren durchgeführt wird.

(3) Der Bauherr oder die Bauherrin hat die erforderlichen Unterlagen bei der Gemeinde einzureichen; die Gemeinde legt, soweit sie nicht selbst Bauaufsichtsbehörde ist, eine Fertigung der Unterlagen unverzüglich der unteren Bauaufsichtsbehörde vor. Mit dem Bauvorhaben darf einen Monat nach Vorlage der erforderlichen Unterlagen bei der Gemeinde begonnen werden. Teilt die Gemeinde dem Bauherrn oder der Bauherrin vor Ablauf der Frist schriftlich mit, dass kein Baugenehmigungsverfahren durchgeführt werden soll und sie eine Untersagung nach § 15 Abs. 1 Satz 2 des Baugesetzbuches nicht beantragen wird, darf der Bauherr oder die Bauherrin mit der Ausführung des Bauvorhabens beginnen. Von der Mitteilung nach Satz 3 hat die Gemeinde die Bauaufsichtsbehörde unverzüglich zu unterrichten. Sind Anlagen im Sinne des § 71 Abs. 3 Satz 2 genehmigungsfrei gestellt, so hat der Bauherr oder die Bauherrin vor Baubeginn der Bauaufsichtsbehörde eine von ihr festgesetzte Sicherheitsleistung nachzuweisen, durch die die Finanzierung der Kosten des Rückbaus der Anlagen bei dauerhafter Aufgabe der Nutzung gesichert wird. Will der Bauherr oder die Bauherrin mit der Ausführung des Bauvorhabens mehr als drei Jahre, nachdem die Bauausführung nach den Sätzen 2 und 3 zulässig geworden ist, beginnen, gelten die Sätze 1 bis 4 entsprechend.

(4) Die Erklärung der Gemeinde nach Absatz 2 Satz 1 Nr. 4 kann insbesondere deshalb erfolgen, weil sie eine Überprüfung der sonstigen Voraussetzungen des Absatzes 2 oder des Bauvorhabens aus anderen Gründen für erforderlich hält. Es besteht kein Rechtsanspruch darauf, dass die Gemeinde von ihrer Erklärungsmöglichkeit keinen Gebrauch macht. Erklärt die Gemeinde, dass das vereinfachte Baugenehmigungsverfahren durchgeführt werden soll, hat sie dem Bauherrn oder der Bauherrin die vorgelegten Unterlagen zurückzugeben. Hat der Bauherr oder die Bauherrin bei der Vorlage der Unterlagen bestimmt, dass seine oder ihre Vorlage im Fall der Erklärung nach Absatz 2 Satz 1 Nr. 4 als Bauantrag zu behandeln ist, leitet sie die Unterlagen gleichzeitig mit der Erklärung an die Bauaufsichtsbehörde weiter.

(5) § 65 bleibt unberührt. § 67 Abs. 2 Satz 1, Abs. 4 Satz 1 und 2, § 71 Abs. 6 Nrn. 2 und 3, Abs. 7 und 8 sind entsprechend anzuwenden. Die Rechtmäßigkeit eines Vorhabens nach Absatz 1 wird durch die spätere Feststellung der Nichtigkeit des Bebauungsplans nicht berührt.

Abschnitt 3
Genehmigungsverfahren

§ 62
Vereinfachtes Baugenehmigungsverfahren

Die Bauaufsichtsbehörde prüft bei

1.

Wohngebäuden der Gebäudeklassen 1 bis 3,

2.

sonstigen Gebäuden der Gebäudeklassen 1 und 2,

3.

sonstigen baulichen Anlagen, die keine Gebäude sind,

4.

Nebengebäuden und Nebenanlagen zu Bauvorhaben nach den Nummern 1 bis 3 und

5.

Werbeanlagen,

ausgenommen Sonderbauten,

a)

die Übereinstimmung mit den Vorschriften über die Zulässigkeit der baulichen Anlagen nach den §§ 29 bis 38 des Baugesetzbuches,

b)

die Einhaltung der Anforderungen nach diesem Gesetz und der aufgrund dieses Gesetzes erlassenen Vorschriften und

c)

die Einhaltung der anderen öffentlich-rechtlichen Vorschriften.

Auf Antrag des Bauherrn oder der Bauherrin prüft die Bauaufsichtsbehörde abweichend von Satz 1 Buchst. b und c

1.

die Zulässigkeit beantragter Abweichungen im Sinne des § 66 Abs. 1 und 2 Satz 2 und

2.

die Einhaltung der anderen öffentlich-rechtlichen Anforderungen, soweit wegen der Baugenehmigung eine Entscheidung nach anderen öffentlich-rechtlichen Vorschriften entfällt oder ersetzt wird.

§ 65 bleibt unberührt.

§ 63
Baugenehmigungsverfahren

Bei genehmigungsbedürftigen baulichen Anlagen, die nicht unter § 62 fallen, prüft die Bauaufsichtsbehörde die

1.

Übereinstimmung mit den Vorschriften über die Zulässigkeit der baulichen Anlagen nach den §§ 29 bis 38 des Baugesetzbuches,

2.

Einhaltung der Anforderungen dieses Gesetzes oder aufgrund dieses Gesetzes erlassener Vorschriften und

3.

Einhaltung der anderen öffentlich-rechtlichen Anforderungen.

Auf Antrag des Bauherrn oder der Bauherrin prüft die Bauaufsichtsbehörde abweichend von Satz 1 Nr. 3 die Einhaltung der anderen öffentlich-rechtlichen Anforderungen, soweit wegen der Baugenehmigung eine Entscheidung nach anderen öffentlich-rechtlichen Vorschriften entfällt oder ersetzt wird. § 65 bleibt unberührt.

§ 64
Bauvorlageberechtigung

(1) Bauvorlagen für die nicht verfahrensfreie Errichtung und Änderung von Gebäuden müssen von einem Entwurfsverfasser oder einer Entwurfsverfasserin unterschrieben sein, der oder die bauvorlageberechtigt ist. Dies gilt nicht für

1.

Bauvorlagen, die üblicherweise von Fachkräften mit anderer Ausbildung als nach Absatz 2 verfasst werden, und

2.

geringfügige oder technisch einfache Bauvorhaben.

(2) Bauvorlageberechtigt ist, wer

1.

die Berufsbezeichnung „Architekt" oder „Architektin" führen darf,

2.

in die von der Ingenieurkammer Sachsen-Anhalt geführte Liste der bauvorlageberechtigten Ingenieure eingetragen ist; Eintragungen in anderen Bundesländern gelten auch im Land Sachsen-Anhalt,

3.

die Berufsbezeichnung „Innenarchitekt" oder „Innenarchitektin" führen darf, für die mit der Berufsaufgabe des Innenarchitekten oder der Innenarchitektin verbundenen baulichen Änderungen von Gebäuden, oder

4.

einen berufsqualifizierenden Hochschulabschluss eines Studiums der Fachrichtung Architektur, Hochbau oder des Bauingenieurwesens nachweist, danach mindestens zwei Jahre auf dem Gebiet der Entwurfsplanung von Gebäuden praktisch tätig gewesen ist und Bediensteter oder Bedienstete einer juristischen Person des öffentlichen Rechts ist, für die dienstliche Tätigkeit.

(3) In die Liste der bauvorlageberechtigten Ingenieure nach Absatz 2 Nr. 2 ist auf Antrag von der Ingenieurkammer Sachsen-Anhalt einzutragen, wer

1.

aufgrund eines berufsqualifizierenden Hochschulabschlusses eines Studiums der Fachrichtung des Bauingenieurwesens die

Berufsbezeichnung „Ingenieur" oder „Ingenieurin" führen darf oder einen berufsqualifizierenden Hochschulabschluss eines Studiums der Fachrichtung Hochbau nachweist und

2.

danach mindestens zwei Jahre auf dem Gebiet der Entwurfsplanung von Gebäuden praktisch tätig gewesen ist.

Dem Antrag sind die zur Beurteilung erforderlichen Unterlagen beizufügen. § 1 Abs. 1 Satz 1 des Verwaltungsverfahrensgesetzes Sachsen-Anhalt in Verbindung mit § 42a des Verwaltungsverfahrensgesetzes findet Anwendung.

(4) Personen, die in einem anderen Mitgliedstaat der Europäischen Union oder einem nach dem Recht der Europäischen Gemeinschaften gleichgestellten Staat als Bauvorlageberechtigte niedergelassen sind, sind ohne Eintragung in die Liste nach Absatz 3 bauvorlageberechtigt, wenn sie

1.

eine vergleichbare Berechtigung besitzen und

2.

dafür dem Absatz 3 Satz 1 Nrn. 1 und 2 vergleichbare Anforderungen erfüllen mussten.

Sie haben das erstmalige Tätigwerden als Bauvorlageberechtigte vorher der Ingenieurkammer Sachsen-Anhalt anzuzeigen und mit der Anzeige

1.

eine Bescheinigung darüber, dass sie in einem Mitgliedstaat der Europäischen Union oder einem nach dem Recht der Europäischen Gemeinschaften gleichgestellten Staat rechtmäßig zur Erstellung und Einreichung von Bauvorlagen niedergelassen sind und ihnen die Ausübung dieser Tätigkeiten zum Zeitpunkt der Vorlage der Bescheinigung nicht, auch nicht vorübergehend, untersagt ist, und

2.

einen Nachweis darüber, dass sie im Staat ihrer Niederlassung für die Tätigkeit als Bauvorlageberechtigte mindestens die Voraussetzungen des Absatzes 3 Satz 1 Nrn. 1 und 2 erfüllen mussten,

vorzulegen; sie sind in einem Verzeichnis zu führen. Die Ingenieurkammer Sachsen-Anhalt hat auf Antrag zu bestätigen, dass die Anzeige nach Satz 2 erfolgt ist; sie kann das Tätigwerden als Bauvorlageberechtigte untersagen und die Eintragung in das Verzeichnis nach Satz 2 Halbsatz 2 löschen, wenn die Voraussetzungen des Satzes 1 nicht erfüllt sind.

(5) Personen, die in einem anderen Mitgliedstaat der Europäischen Union oder einem nach dem Recht der Europäischen Gemeinschaften gleichgestellten Staat als Bauvorlageberechtigte niedergelassen sind, ohne im Sinne des Absatzes 4 Satz 1 Nr. 2 vergleichbar zu sein, sind bauvorlageberechtigt, wenn ihnen die Ingenieurkammer Sachsen-Anhalt bescheinigt hat, dass sie die Anforderungen des Absatzes 3 Satz 1 Nrn. 1 und 2 erfüllen; sie sind in einem Verzeichnis zu führen. Die Bescheinigung wird auf Antrag erteilt. Absatz 3 Satz 2 und 3 ist entsprechend anzuwenden.

(6) Anzeigen und Bescheinigungen nach den Absätzen 4 und 5 sind nicht erforderlich, wenn bereits in einem anderen Bundesland eine Anzeige erfolgt ist oder eine Bescheinigung erteilt wurde; eine weitere Eintragung in die von der Ingenieurkammer Sachsen-Anhalt geführten Verzeichnisse erfolgt nicht. Verfahren nach den Absätzen 3 bis 5 können über eine einheitliche Stelle nach § 1 Abs. 1 Satz 1 des Verwaltungsverfahrensgesetzes Sachsen-Anhalt in Verbindung mit den §§ 71a bis 71e des Verwaltungsverfahrensgesetzes abgewickelt werden.

§ 65
Bautechnische Nachweise
(1) Die Einhaltung der Anforderungen an die Standsicherheit, den Brand-, Schall-, Wärme- und Erschütterungsschutz ist nach Maßgabe der aufgrund dieses Gesetzes erlassenen Verordnung nachzuweisen (bautechnische Nachweise); dies gilt nicht für verfahrensfreie Bauvorhaben, einschließlich der Beseitigung von Anlagen, soweit nicht in diesem Gesetz oder aufgrund einer Verordnung erlassener Vorschriften anderes bestimmt ist. Die Bauvorlageberechtigung nach § 64 Abs. 2 Nrn. 1, 2 und 4 schließt die Berechtigung zur Erstellung der bautechnischen Nachweise ein, soweit nicht nachfolgend etwas anderes bestimmt ist.

(2) Bei

1.

Gebäuden der Gebäudeklassen 1 bis 3 und

2.

sonstigen baulichen Anlagen, die keine Gebäude sind,

muss der Standsicherheitsnachweis von

a)

einer Person mit einem berufsqualifizierenden Hochschulabschluss eines Studiums der Fachrichtung Architektur, Hochbau oder des Bauingenieurwesens mit einer mindestens dreijährigen Berufserfahrung in der Tragwerksplanung, die in einer von der Ingenieurkammer Sachsen-Anhalt zu führenden Liste eingetragen ist; § 1 Abs. 1 Satz 1 des Verwaltungsverfahrensgesetzes Sachsen-Anhalt in Verbindung mit § 42a des Verwaltungsverfahrensgesetzes findet Anwendung; Eintragungen in anderen Bundesländern gelten auch im Land Sachsen-Anhalt, oder

b)

einem Prüfingenieur oder einer Prüfingenieurin für Standsicherheit

erstellt sein. Soweit dieser Standsicherheitsnachweis nicht von Personen nach Satz 1 erstellt ist, muss er bauaufsichtlich geprüft sein. Auch bei anderen Bauvorhaben darf der Standsicherheitsnachweis von Personen nach Satz 1 erstellt werden. Bei Bauvorhaben der Gebäudeklasse 4, ausgenommen Sonderbauten sowie Mittel- und Großgaragen im Sinne der Verordnung nach § 84 Abs. 1 Nr. 3, muss der Brandschutznachweis erstellt sein von

1.

einem oder einer für das Bauvorhaben Bauvorlageberechtigten, der oder die die erforderlichen Kenntnisse des Brandschutzes nachgewiesen hat,

2.

a)

einem oder einer Angehörigen der Fachrichtung Architektur, Hochbau, Bauingenieurwesen oder eines Studiengangs mit Schwerpunkt Brandschutz, der oder die ein Studium an einer deutschen Hochschule oder ein gleichwertiges Studium an einer ausländischen Hochschule abgeschlossen hat, oder

b)

einem Absolventen oder einer Absolventin einer Laufbahnausbildung für den feuerwehrtechnischen Dienst, Laufbahngruppe 2,

der oder die nach Abschluss der Ausbildung mindestens zwei Jahre auf dem Gebiet der brandschutztechnischen Planung und Ausführung von Gebäuden oder der Prüfung der brandschutztechnischen Planung und Ausführung von Gebäuden praktisch tätig gewesen ist und die erforderlichen Kenntnisse des Brandschutzes nachgewiesen hat, oder

3.

einem Prüfingenieur oder einer Prüfingenieurin für Brandschutz.

Die in Satz 4 Nrn. 1 und 2 genannten Personen müssen in einer von der Architektenkammer Sachsen-Anhalt zu führenden Liste eingetragen sein; § 1 Abs. 1 Satz 1 des Verwaltungsverfahrensgesetzes Sachsen-Anhalt in Verbindung mit § 42a des Verwaltungsverfahrensgesetzes findet Anwendung; Eintragungen anderer Länder gelten auch im Land Sachsen-Anhalt. Soweit dieser Brandschutznachweis nicht von Personen nach Satz 4 erstellt ist, muss er bauaufsichtlich geprüft sein. Auch bei anderen Bauvorhaben darf der Brandschutznachweis von Personen nach Satz 4 erstellt werden. Für Personen, die in einem anderen Mitgliedstaat der Europäischen Union oder einem nach dem Recht der Europäischen Gemeinschaften gleichgestellten Staat zur Erstellung von Standsicherheits- oder Brandschutznachweisen niedergelassen sind, gilt § 64 Abs. 4 bis 6 mit der Maßgabe, dass die Anzeige oder der Antrag auf Erteilung einer Bescheinigung bei der nach Satz 1 Buchst. a Halbsatz 1 oder Satz 4 Nr. 1 Halbsatz 1 zuständigen Stelle einzureichen ist.

(3) Der Standsicherheitsnachweis muss bauaufsichtlich geprüft sein

1.

bei Sonderbauten und Gebäuden der Gebäudeklassen 4 und 5,

2.

bei unterirdischen Mittelgaragen und bei Großgaragen im Sinne der Verordnung nach § 84 Abs. 1 Nr. 3 und,

3.

wenn dies nach Maßgabe eines in der Verordnung nach § 84 Abs. 3 geregelten Kriterienkatalogs erforderlich ist, bei

a)

Gebäuden der Gebäudeklassen 1 bis 3,

b)

Behältern, Brücken, Stützmauern, Tribünen und

c)

sonstigen baulichen Anlagen, die keine Gebäude sind, mit einer Höhe von mehr als 10 m;

dies gilt nicht für Wohngebäude der Gebäudeklassen 1 und 2 sowie deren Nebengebäude und Nebenanlagen, soweit es sich nicht um Anlagen nach Nummer 2 handelt.

Auf Antrag des Bauherrn oder der Bauherrin ist der Kriterienkatalog bauaufsichtlich zu prüfen. Der Brandschutznachweis muss bauaufsichtlich geprüft sein bei

1.

Sonderbauten,

Mittel- und Großgaragen im Sinne der Verordnung nach § 84 Abs. 1 Nr. 3
und

3.

Gebäuden der Gebäudeklasse 5.

(4) Außer in den Fällen des Absatzes 3 und vorbehaltlich des Absatzes 2 Satz 2 und 6 werden bautechnische Nachweise nicht geprüft; § 66 bleibt unberührt. Einer bauaufsichtlichen Prüfung bedarf es ferner nicht, soweit für das Bauvorhaben Standsicherheitsnachweise vorliegen, die von der obersten Bauaufsichtsbehörde oder einer von ihr bestimmten Stelle (Prüfamt für Standsicherheit) allgemein geprüft sind (Typenprüfung); Typenprüfungen anderer Länder gelten auch im Land Sachsen-Anhalt.

§ 66
Abweichungen

(1) Die Bauaufsichtsbehörde kann Abweichungen von Anforderungen dieses Gesetzes und aufgrund dieses Gesetzes erlassener Vorschriften zulassen, wenn sie unter Berücksichtigung des Zwecks der jeweiligen Anforderung und unter Würdigung der öffentlich-rechtlich geschützten nachbarlichen Belange mit den öffentlichen Belangen, insbesondere den Anforderungen des § 3 Abs. 1 vereinbar sind. § 3 Abs. 3 Satz 4 bleibt unberührt.

(2) Die Zulassung von Abweichungen nach Absatz 1, von Ausnahmen und Befreiungen von den Festsetzungen eines Bebauungsplans oder einer sonstigen städtebaulichen Satzung oder von Regelungen der Baunutzungsverordnung in der Fassung der Bekanntmachung vom 23. Januar 1990 (BGBl. I S. 132), zuletzt geändert durch Artikel 3 des Gesetzes vom 22. April 1993 (BGBl. I S. 466, 479), in der jeweils geltenden Fassung, ist gesondert schriftlich zu beantragen; der Antrag ist zu begründen. Für Anlagen, die einer Genehmigung nicht bedürfen, sowie für Abweichungen von Vorschriften, die im Genehmigungsverfahren nicht geprüft werden, gilt Satz 1 entsprechend.

§ 67
Bauantrag, Bauvorlagen

(1) Der Bauantrag ist schriftlich bei der unteren Bauaufsichtsbehörde einzureichen. Sind die technischen Voraussetzungen gegeben, ist eine elektronische Antragstellung entsprechend § 84 Abs. 7 zulässig.

(2) Mit dem Bauantrag sind alle für die Beurteilung des Bauvorhabens und die Bearbeitung des Bauantrags erforderlichen Unterlagen (Bauvorlagen) einzureichen. Es kann gestattet werden, dass einzelne Bauvorlagen nachgereicht werden.

(3) In besonderen Fällen kann zur Beurteilung der Einwirkung des Bauvorhabens auf die Umgebung verlangt werden, dass es in geeigneter Weise auf dem Baugrundstück dargestellt wird.

(4) Der Bauherr oder die Bauherrin und der Entwurfsverfasser oder die Entwurfsverfasserin haben den Bauantrag, der Entwurfsverfasser oder die Entwurfsverfasserin die Bauvorlagen zu unterschreiben. Die von Fachplanern oder Fachplanerinnen nach § 53 Abs. 2 bearbeiteten Unterlagen müssen auch von diesen unterschrieben sein. Ist der Bauherr oder die Bauherrin nicht Grundstückseigentümer oder Grundstückseigentümerin, so kann die Zustimmung des Grundstückseigentümers oder der Grundstückseigentümerin zu dem Bauvorhaben gefordert werden.

§ 68
Behandlung des Bauantrags

(1) Die Bauaufsichtsbehörde hört zum Bauantrag die Gemeinde und diejenigen Stellen, deren Beteiligung oder Anhörung für die Entscheidung über den Bauantrag durch Rechtsvorschrift vorgeschrieben ist oder ohne deren Stellungnahme die Genehmigungsfähigkeit des Bauantrags nicht beurteilt werden kann. Die Beteiligung oder Anhörung entfällt, wenn die Gemeinde oder die jeweilige Stelle dem Bauantrag bereits vor Einleitung des Baugenehmigungsverfahrens zugestimmt oder auf eine Beteiligung verzichtet hat. Bedarf die Erteilung der Baugenehmigung der Zustimmung oder des Einvernehmens einer anderen Körperschaft, Behörde oder sonstigen Stelle, so gilt diese als erteilt, wenn sie nicht einen Monat nach Eingang des Ersuchens verweigert wird; von der Frist nach Halbsatz 1 abweichende Regelungen finden Anwendung. Stellungnahmen bleiben unberücksichtigt, wenn sie nicht innerhalb eines Monats nach Aufforderung zur Stellungnahme bei der Bauaufsichtsbehörde eingehen, es sei denn, die verspätete Stellungnahme ist für die Rechtmäßigkeit der Entscheidung über den Bauantrag von Belang.

(2) Die Bauaufsichtsbehörde kontrolliert den Bauantrag innerhalb von zwei Wochen auf Vollständigkeit und teilt dem Bauherrn oder der Bauherrin den Eingang des Antrags mit. Ist der Bauantrag unvollständig oder weist er sonstige erhebliche Mängel auf, fordert die Bauaufsichtsbehörde den Bauherrn oder die Bauherrin mit der Eingangsbestätigung zur Behebung der Mängel innerhalb einer angemessenen Frist auf. Werden die Mängel innerhalb der Frist nicht behoben, gilt der Antrag als zurückgenommen.

(3) Die Bauaufsichtsbehörde hat frühzeitig vor Baubeginn auf das Erfordernis der Erteilung anderer öffentlich-rechtlicher Genehmigungen oder Erlaubnisse hinzuweisen.

(4) Die Bauaufsichtsbehörde entscheidet innerhalb von drei Monaten über den Bauantrag. Die Frist nach Satz 1 beginnt mit dem bestätigten Eingangsdatum nach Absatz 2 Satz 1. Sie kann bei Vorliegen eines wichtigen Grundes um höchstens zwei Monate verlängert werden. Wird die Frist verlängert, ist dies dem Bauherrn oder der Bauherrin unter Nennung der Gründe und unter Angabe des voraussichtlichen Zeitpunkts der Entscheidung mitzuteilen.

(5) Im vereinfachten Verfahren nach § 62 gilt die Genehmigung als erteilt, wenn die Bauaufsichtsbehörde nicht innerhalb der Frist des Absatzes 4 Satz 1 über den Bauantrag entschieden hat. Die Bauaufsichtsbehörde hat auf Antrag des Bauherrn oder der Bauherrin darüber ein Zeugnis auszustellen. Das

Zeugnis steht der Genehmigung gleich. § 65 findet Anwendung.

§ 69
Beteiligung der Nachbarn

(1) Die Bauaufsichtsbehörde soll die Eigentümer oder Eigentümerinnen benachbarter Grundstücke (Nachbarn) vor der Zulassung von Abweichungen und Befreiungen benachrichtigen, wenn zu erwarten ist, dass öffentlich-rechtlich geschützte nachbarliche Belange berührt werden. Einwendungen sind innerhalb von zwei Wochen nach Zugang der Benachrichtigung bei der Bauaufsichtsbehörde schriftlich oder zur Niederschrift vorzubringen.

(2) Die Benachrichtigung entfällt, wenn die zu benachrichtigenden Nachbarn die Lagepläne und Bauzeichnungen unterschrieben oder dem Bauvorhaben schriftlich zugestimmt haben.

(3) Haben die Nachbarn dem Bauvorhaben nicht zugestimmt, ist ihnen die Baugenehmigung zuzustellen. Bei Bauvorhaben, die einer Genehmigung nicht bedürfen, ist ihnen die Entscheidung über die Zulassung von Abweichungen und Befreiungen zuzustellen.

§ 70
Ersetzung des gemeindlichen Einvernehmens

(1) Hat eine Gemeinde ihr nach § 14 Abs. 2 Satz 2, § 22 Abs. 5 Satz 1, § 36 Abs. 1 Satz 1 und 2 des Baugesetzbuches erforderliches Einvernehmen rechtswidrig versagt, hat die zuständige Bauaufsichtsbehörde das fehlende Einvernehmen nach Maßgabe der Absätze 2 bis 4 zu ersetzen.

(2) § 146 des Kommunalverfassungsgesetzes findet keine Anwendung.

(3) Die Genehmigung gilt zugleich als Ersatzvornahme. Sie ist insoweit zu begründen. Widerspruch und Anfechtungsklage haben auch insoweit keine aufschiebende Wirkung, als die Genehmigung als Ersatzvornahme gilt.

(4) Die Gemeinde ist vor Erlass der Genehmigung zu hören. Dabei ist ihr Gelegenheit zu geben, binnen angemessener Frist erneut über das gemeindliche Einvernehmen zu entscheiden.

§ 71
Baugenehmigung, Baubeginn

(1) Die Baugenehmigung ist zu erteilen, wenn dem Bauvorhaben keine öffentlich-rechtlichen Vorschriften entgegenstehen, die im bauaufsichtlichen Genehmigungsverfahren zu prüfen sind.

(2) Die Baugenehmigung bedarf der Schriftform; sie ist nur insoweit zu begründen, als Abweichungen oder Befreiungen von nachbarschützenden Vorschriften zugelassen werden und die Nachbarn nicht nach § 69 Abs. 2 zugestimmt haben.

(3) Die Baugenehmigung kann unter Auflagen, Bedingungen und dem Vorbehalt der nachträglichen Aufnahme, Änderung oder Ergänzung einer Auflage sowie befristet erteilt werden. Die Bauaufsichtsbehörde hat bei Anlagen,

1.

    die nur befristet genehmigt werden oder

2.

    die ausschließlich einem Zweck dienen und bei denen üblicherweise anzunehmen ist, dass wirtschaftliche Interessen an einer Folgenutzung der zu genehmigenden Anlage nicht bestehen, wie Behelfsbauten, Einzelhandelsmärkte, Windkraftanlagen, Freiflächenphotovoltaikanlagen oder vorübergehend aufzustellende Anlagen,

die Erteilung der Baugenehmigung von der Leistung eines geeigneten Sicherungsmittels abhängig zu machen, durch das die Finanzierung der Kosten des Rückbaus der Anlagen bei dauerhafter Aufgabe der Nutzung gesichert wird. Auf Vorhaben nach § 61 findet Satz 2 entsprechend Anwendung.

(4) Die Baugenehmigung wird unbeschadet der Rechte Dritter erteilt.

(5) Die Gemeinde ist von der Erteilung, der Verlängerung, der Ablehnung, der Rücknahme und dem Widerruf einer Baugenehmigung, einer Teilbaugenehmigung, eines Vorbescheids, einer Zustimmung, einer Abweichung, einer Ausnahme oder einer Befreiung zu unterrichten. Eine Ausfertigung des Bescheids ist beizufügen.

(6) Mit der Bauausführung oder mit der Ausführung des jeweiligen Bauabschnitts darf erst begonnen werden, wenn

1.

    die Baugenehmigung dem Bauherrn oder der Bauherrin zugegangen ist,

2.

    die Prüfung bautechnischer Nachweise erfolgt ist und

3.

    die Anzeige des Baubeginns gemäß Absatz 8 der Bauaufsichtsbehörde vorliegt.

(7) Vor Baubeginn müssen die Grundrissfläche der baulichen Anlage abgesteckt und ihre Höhenlage festgelegt sein. Baugenehmigungen, Bauvorlagen sowie bautechnische Nachweise, soweit es sich nicht um Bauvorlagen handelt, müssen an der Baustelle von Baubeginn an vorliegen.

(8) Der Bauherr oder die Bauherrin hat den Baubeginn genehmigungsbedürftiger Vorhaben und die Wiederaufnahme der Bauarbeiten nach einer Unterbrechung von mehr als drei Monaten mindestens eine Woche vorher der Bauaufsichtsbehörde schriftlich mitzuteilen.

§ 72
Geltungsdauer der Genehmigung

(1) Die Baugenehmigung und die Teilbaugenehmigung erlöschen, wenn innerhalb von drei Jahren nach ihrer Erteilung mit der Ausführung des Bauvorhabens nicht begonnen oder die Bauausführung länger als zwei Jahre unterbrochen worden ist.

(2) Die Frist nach Absatz 1 kann auf schriftlichen Antrag jeweils bis zu einem Jahr verlängert werden. Sie kann auch rückwirkend verlängert werden, wenn der Antrag vor Fristablauf bei der Bauaufsichtsbehörde eingegangen ist.

§ 73
Teilbaugenehmigung

Ist ein Bauantrag eingereicht, kann der Beginn der Bauarbeiten für die Baugrube und für einzelne Bauteile oder Bauabschnitte auf schriftlichen Antrag schon vor Erteilung der Baugenehmigung gestattet werden (Teilbaugenehmigung). § 71 gilt entsprechend.

§ 74
Vorbescheid

Vor Einreichung des Bauantrags ist auf schriftlichen Antrag des Bauherrn oder der Bauherrin zu einzelnen Fragen des Bauvorhabens ein Vorbescheid zu erteilen. Der Vorbescheid gilt drei Jahre. Die Frist kann auf schriftlichen Antrag jeweils bis zu einem Jahr verlängert werden. Die §§ 67 bis 69, 71 Abs. 1 bis 4 und § 72 Abs. 2 Satz 2 gelten entsprechend.

⬆ zum Seitenanfang
| zur Einzelansicht ▣

§ 75
Genehmigung Fliegender Bauten

(1) Fliegende Bauten sind bauliche Anlagen, die geeignet und bestimmt sind, an verschiedenen Orten wiederholt aufgestellt und zerlegt zu werden. Baustelleneinrichtungen und Baugerüste sind keine Fliegenden Bauten.

(2) Fliegende Bauten bedürfen, bevor sie erstmals aufgestellt und in Gebrauch genommen werden, einer Ausführungsgenehmigung. Dies gilt nicht für

1.

Fliegende Bauten mit einer Höhe bis zu 5 m, die nicht dazu bestimmt sind, von Besuchern oder Besucherinnen betreten zu werden,

2.

Fliegende Bauten mit einer Höhe bis zu 5 m, die für Kinder betrieben werden und eine Geschwindigkeit von höchstens 1 m/s haben,

3.

Bühnen, die Fliegende Bauten sind, einschließlich Überdachungen und

83

sonstiger Aufbauten mit einer Höhe bis zu 5 m, einer Grundfläche bis zu 100 m^2 und einer Fußbodenhöhe bis zu 1,50 m,

4.

erdgeschossige Zelte und Verkaufsstände, die von Besuchern und Besucherinnen betreten werden können, die Fliegende Bauten sind, jeweils mit einer Grundrissfläche bis zu 75 m^2 und

5.

aufblasbare Spielgeräte mit einer Höhe des betretbaren Bereichs bis zu 5 m oder mit überdachten Bereichen, bei denen die Entfernung zum Ausgang nicht mehr als 3 m oder, sofern ein Absinken der Überdachung konstruktiv verhindert wird, nicht mehr als 10 m beträgt.

(3) Die Ausführungsgenehmigung wird von der oberen Bauaufsichtsbehörde erteilt. Die Genehmigung wird für eine bestimmte Frist erteilt, die höchstens fünf Jahre betragen soll. Sie kann auf schriftlichen Antrag jeweils bis zu fünf Jahren verlängert werden; § 72 Abs. 2 Satz 2 gilt entsprechend. Die Genehmigungen und die Verlängerungen werden in ein Prüfbuch eingetragen, dem eine Ausfertigung der mit einem Genehmigungsvermerk zu versehenden Bauvorlagen beizufügen ist. Ausführungsgenehmigungen anderer Länder gelten auch im Land Sachsen-Anhalt. Die Ausführungsgenehmigung kann vorschreiben, dass der Fliegende Bau vor jeder Inbetriebnahme oder in bestimmten zeitlichen Abständen jeweils vor einer Inbetriebnahme von einem Sachverständigen abgenommen wird.

(4) Der Inhaber oder die Inhaberin der Ausführungsgenehmigung hat den Wechsel der Hauptwohnung oder der gewerblichen Niederlassung oder die Übertragung eines Fliegenden Baus an Dritte der Stelle anzuzeigen, die die Ausführungsgenehmigung erteilt hat. Die obere Bauaufsichtsbehörde hat die Änderungen in das Prüfbuch einzutragen und sie, wenn mit den Änderungen ein Wechsel der Zuständigkeit verbunden ist, der nunmehr zuständigen Stelle mitzuteilen.

(5) Fliegende Bauten, die nach Absatz 2 Satz 1 einer Ausführungsgenehmigung bedürfen, dürfen unbeschadet anderer Vorschriften nur in Gebrauch genommen werden, wenn ihre Aufstellung der Bauaufsichtsbehörde des Aufstellungsortes unter Vorlage des Prüfbuches angezeigt ist. Die Bauaufsichtsbehörde kann die Inbetriebnahme dieser Fliegenden Bauten von einer Gebrauchsabnahme abhängig machen. Das Ergebnis der Abnahme ist in das Prüfbuch einzutragen. In der Ausführungsgenehmigung kann bestimmt werden, dass Anzeigen nach Satz 1 nicht erforderlich sind, wenn eine Gefährdung im Sinne des § 3 Abs. 1 nicht zu erwarten ist.

(6) Die für die Erteilung der Gebrauchsabnahme zuständige Bauaufsichtsbehörde kann Auflagen erteilen oder die Aufstellung oder den Gebrauch Fliegender Bauten untersagen, soweit dies nach den örtlichen

Verhältnissen oder zur Abwehr von Gefahren erforderlich ist, insbesondere weil die Betriebssicherheit oder Standsicherheit nicht oder nicht mehr gewährleistet ist oder weil von der Ausführungsgenehmigung abgewichen wird. Wird die Aufstellung oder der Gebrauch untersagt, ist dies in das Prüfbuch einzutragen. Die für die Erteilung der Ausführungsgenehmigung zuständige Stelle ist zu benachrichtigen, das Prüfbuch ist einzuziehen und der für die Erteilung der Ausführungsgenehmigung zuständigen Stelle zuzuleiten, wenn die Herstellung ordnungsgemäßer Zustände innerhalb angemessener Frist nicht zu erwarten ist.

(7) Bei Fliegenden Bauten, die von Besuchern und Besucherinnen betreten und längere Zeit an einem Aufstellungsort betrieben werden, kann die für die Gebrauchsabnahme zuständige Bauaufsichtsbehörde aus Gründen der Sicherheit Nachabnahmen durchführen. Das Ergebnis der Nachabnahme ist in das Prüfbuch einzutragen.

(8) § 67 Abs. 1, 2 und 4, § 80 Abs. 1 und 4 gelten entsprechend.

§ 76
Bauaufsichtliche Zustimmung

(1) Nicht verfahrensfreie Bauvorhaben bedürfen keiner Genehmigung, Genehmigungsfreistellung und Bauüberwachung, wenn

1.

die Leitung der Entwurfsarbeiten und die Bauüberwachung einer Baudienststelle des Bundes oder eines Landes übertragen ist und

2.

die Baudienststelle mit mindestens einem oder einer Bediensteten mit der Laufbahnbefähigung der Laufbahngruppe 2 zweites Einstiegsamt des technischen Verwaltungsdienstes, Fachrichtung Hochbau/Städtebau, und ausreichend mit sonstigen geeigneten Fachkräften besetzt ist.

Solche Bauvorhaben bedürfen jedoch der Zustimmung der oberen Bauaufsichtsbehörde. Die Zustimmung entfällt, wenn die Gemeinde nicht widerspricht und, soweit ihre öffentlich-rechtlich geschützten Belange von Abweichungen, Ausnahmen und Befreiungen berührt sein können, die Nachbarn dem Bauvorhaben zustimmen. Einer Genehmigung, Genehmigungsfreistellung oder Zustimmung bedürfen unter den Voraussetzungen des Satzes 1 nicht Baumaßnahmen in oder an bestehenden Gebäuden, soweit sie nicht zu einer Erweiterung des Bauvolumens oder zu einer nicht verfahrensfreien Nutzungsänderung führen, sowie die Beseitigung von Anlagen.

(2) Der Antrag auf Zustimmung ist bei der oberen Bauaufsichtsbehörde einzureichen.

(3) Die obere Bauaufsichtsbehörde prüft

1.

die Übereinstimmung mit den Vorschriften über die Zulässigkeit der baulichen Anlagen nach den §§ 29 bis 38 des Baugesetzbuches und

2.

andere öffentlich-rechtliche Anforderungen, soweit wegen der Zustimmung eine Entscheidung nach anderen öffentlich-rechtlichen Vorschriften entfällt oder ersetzt wird.

Die obere Bauaufsichtsbehörde entscheidet über Ausnahmen, Befreiungen und Abweichungen von den nach Satz 1 zu prüfenden sowie von anderen Vorschriften, soweit sie nachbarschützend sind und die Nachbarn nicht zugestimmt haben. Im Übrigen bedarf die Zulässigkeit von Ausnahmen, Befreiungen und Abweichungen nicht einer bauaufsichtlichen Entscheidung.

(4) Die Gemeinde ist vor Erteilung der Zustimmung zu hören. § 36 Abs. 2 Satz 2 Halbsatz 1 des Baugesetzbuches gilt entsprechend. Im Übrigen sind die Vorschriften über das Baugenehmigungsverfahren entsprechend anzuwenden.

(5) Anlagen, die der Landesverteidigung, dienstlichen Zwecken der Bundespolizei oder dem zivilen Bevölkerungsschutz dienen, sind abweichend von den Absätzen 1 bis 4 der oberen Bauaufsichtsbehörde vor Baubeginn in geeigneter Weise zur Kenntnis zu geben. Im Übrigen wirken die Bauaufsichtsbehörden nicht mit. § 75 Abs. 2 bis 8 findet auf Fliegende Bauten, die der Landesverteidigung, dienstlichen Zwecken der Bundespolizei oder dem zivilen Bevölkerungsschutz dienen, keine Anwendung.

(6) Der öffentliche Bauherr trägt die Verantwortung, dass Entwurf, Ausführung und Zustand der Anlagen den öffentlich-rechtlichen Vorschriften entsprechen.

Abschnitt 4
Bauaufsichtliche Maßnahmen
§ 77
Verbot unrechtmäßig
gekennzeichneter Bauprodukte
Sind Bauprodukte entgegen § 22 mit dem Ü-Zeichen gekennzeichnet, kann die Bauaufsichtsbehörde die Verwendung dieser Bauprodukte untersagen und deren Kennzeichnung entwerten oder beseitigen lassen.

§ 78
Einstellung von Arbeiten
(1) Werden Anlagen im Widerspruch zu öffentlich-rechtlichen Vorschriften errichtet, geändert oder beseitigt, kann die Bauaufsichtsbehörde die Einstellung der Arbeiten anordnen. Dies gilt auch dann, wenn

1.

die Ausführung eines Vorhabens entgegen den Vorschriften des § 71 Abs.

6 und 8 begonnen wurde oder

2.

bei der Ausführung

a)

eines genehmigungsbedürftigen Bauvorhabens von den genehmigten Bauvorlagen oder

b)

eines genehmigungsfreigestellten Bauvorhabens von den eingereichten Unterlagen

abgewichen wird,

3.

Bauprodukte verwendet werden, die entgegen § 17 Abs. 1 keine CE-Kennzeichnung oder kein Ü-Zeichen tragen, oder

4.

Bauprodukte verwendet werden, die unberechtigt mit der CE-Kennzeichnung nach § 17 Abs. 1 Satz 1 Nr. 2 oder dem Ü-Zeichen nach § 22 Abs. 4 gekennzeichnet sind.

(2) Werden unzulässige Arbeiten trotz einer schriftlich oder mündlich verfügten Einstellung fortgesetzt, kann die Bauaufsichtsbehörde die Baustelle versiegeln oder die an der Baustelle vorhandenen Bauprodukte, Geräte, Maschinen und Bauhilfsmittel in amtlichen Gewahrsam bringen.

§ 79
Beseitigung von Anlagen, Nutzungsuntersagung

Werden Anlagen im Widerspruch zu öffentlich-rechtlichen Vorschriften errichtet oder geändert, kann die Bauaufsichtsbehörde die teilweise oder vollständige Beseitigung der Anlagen anordnen, wenn nicht auf andere Weise rechtmäßige Zustände hergestellt werden können. Werden Anlagen im Widerspruch zu öffentlich-rechtlichen Vorschriften genutzt, kann diese Nutzung untersagt werden.

Abschnitt 5
Bauüberwachung

§ 80
Bauüberwachung

(1) Die Bauaufsichtsbehörde kann die Einhaltung der öffentlich-rechtlichen

Vorschriften und Anforderungen und die ordnungsgemäße Erfüllung der Pflichten der am Bau Beteiligten überprüfen.

(2) Die Bauaufsichtsbehörde überwacht nach Maßgabe der Verordnung nach § 84 Abs. 2 die Bauausführung bei baulichen Anlagen

1.

    nach § 65 Abs. 2 Satz 2 und Abs. 3 Satz 1 hinsichtlich des von ihr bauaufsichtlich geprüften Standsicherheitsnachweises,

2.

    nach § 65 Abs. 2 Satz 6 und Abs. 3 Satz 3 hinsichtlich des von ihr bauaufsichtlich geprüften Brandschutznachweises.

Bei Gebäuden der Gebäudeklasse 4, ausgenommen Sonderbauten sowie Mittel- und Großgaragen im Sinne der Verordnung nach § 84 Abs. 1 Nr. 3, ist die mit dem Brandschutznachweis übereinstimmende Bauausführung vorbehaltlich des Satzes 1 Nr. 2 von Personen im Sinne des § 65 Abs. 2 Satz 4 zu bestätigen.

(3) Die Bauaufsichtsbehörde und die von ihr beauftragten Personen können Proben von Bauprodukten, soweit erforderlich auch aus fertigen Bauteilen, entnehmen und prüfen lassen.

(4) Den mit der Überwachung beauftragten Personen ist jederzeit Einblick in die Genehmigungen, Zulassungen, Prüfzeugnisse, Übereinstimmungszertifikate, Überwachungsnachweise, Zeugnisse und Aufzeichnungen über die Prüfungen von Bauprodukten, in die Bautagebücher und andere vorgeschriebene Aufzeichnungen zu gewähren.

§ 81
Bauzustandsanzeigen, Aufnahme der Nutzung

(1) Die Bauaufsichtsbehörden und die von ihr beauftragten Personen können verlangen, dass ihnen Beginn und Beendigung bestimmter Bauarbeiten angezeigt werden. Die Bauarbeiten dürfen erst fortgesetzt werden, wenn die Bauaufsichtsbehörden oder die von ihr beauftragten Personen der Fortführung der Bauarbeiten zugestimmt haben.

(2) Der Bauherr hat mindestens zwei Wochen vorher die beabsichtigte Aufnahme der Nutzung einer nicht verfahrensfreien baulichen Anlage der Bauaufsichtsbehörde anzuzeigen. Mit der Anzeige nach Satz 1 ist in den Fällen des § 80 Abs. 2 Satz 2 die jeweilige Bestätigung der Bauaufsichtsbehörde vorzulegen. Eine bauliche Anlage darf erst genutzt werden, wenn sie selbst, Zufahrtswege, Wasserversorgungs- und Abwasserbeseitigungsanlagen in dem erforderlichen Umfang sicher nutzbar sind, nicht jedoch vor dem in Satz 1 bezeichneten Zeitpunkt. Feuerstätten dürfen erst in Betrieb genommen werden, wenn der bevollmächtigte Bezirksschornsteinfeger oder die bevollmächtigte Bezirksschornsteinfegerin die Tauglichkeit und die sichere Nutzbarkeit der Abgasanlagen bescheinigt hat; Verbrennungsmotoren und Blockheizkraftwerke dürfen erst dann in Betrieb genommen werden, wenn er

oder sie die Tauglichkeit und sichere Nutzbarkeit der Leitungen zur Abführung von Verbrennungsgasen bescheinigt hat.

Abschnitt 6

Baulasten

§ 82

Baulasten, Baulastenverzeichnis

(1) Durch Erklärung gegenüber der Bauaufsichtsbehörde können Grundstückseigentümer und Grundstückseigentümerinnen öffentlich-rechtliche Verpflichtungen zu einem ihre Grundstücke betreffenden Tun, Dulden oder Unterlassen übernehmen, die sich nicht schon aus öffentlich-rechtlichen Vorschriften ergeben. Baulasten werden unbeschadet der Rechte Dritter mit der Eintragung in das Baulastenverzeichnis wirksam und wirken auch gegenüber Rechtsnachfolgern und Rechtsnachfolgerinnen.

(2) Die Erklärung nach Absatz 1 bedarf der Schriftform; die Unterschrift muss öffentlich beglaubigt oder vor der Bauaufsichtsbehörde geleistet oder vor ihr anerkannt werden.

(3) Die Baulast geht durch schriftlichen Verzicht der Bauaufsichtsbehörde unter. Der Verzicht ist zu erklären, wenn ein öffentliches Interesse an der Baulast nicht mehr besteht. Vor dem Verzicht sollen der oder die Verpflichtete und die durch die Baulast Begünstigten angehört werden. Der Verzicht wird mit der Löschung der Baulast im Baulastenverzeichnis wirksam.

(4) Das Baulastenverzeichnis wird von der Bauaufsichtsbehörde geführt. In das Baulastenverzeichnis können auch eingetragen werden

1.

andere baurechtliche Verpflichtungen des Grundstückseigentümers oder der Grundstückseigentümerin zu einem sein oder ihr Grundstück betreffenden Tun, Dulden oder Unterlassen und

2.

Auflagen, Bedingungen, Befristungen und Widerrufsvorbehalte.

(5) Wer ein berechtigtes Interesse darlegt, kann in das Baulastenverzeichnis Einsicht nehmen oder sich Abschriften erteilen lassen. Notare und Notarinnen sowie Rechtsanwälte und Rechtsanwältinnen, die im nachgewiesenen Auftrag eines Notars oder einer Notarin das Baulastenverzeichnis einsehen wollen, sowie Öffentlich bestellte Vermessungsingenieure und Öffentlich bestellte Vermessungsingenieurinnen sind befugt, das Baulastenverzeichnis einzusehen und eine Abschrift zu verlangen, ohne dass es der Darlegung eines berechtigten Interesses bedarf.

Teil 6

Schlussvorschriften

§ 83
Ordnungswidrigkeiten

(1) Ordnungswidrig handelt, wer vorsätzlich oder fahrlässig

1.

   einer nach § 17 Abs. 4 bis 6 und § 84 Abs. 1 bis 3 erlassenen Verordnung zuwiderhandelt, sofern die Verordnung für einen bestimmten Tatbestand auf diese Bußgeldvorschrift verweist,

2.

   einer vollziehbaren schriftlichen Anordnung der Bauaufsichtsbehörde zuwiderhandelt, die nach diesem Gesetz oder nach Vorschriften aufgrund dieses Gesetzes ergangen ist, sofern die Anordnung auf die Bußgeldvorschrift verweist,

3.

   ohne Baugenehmigung nach § 58 Abs. 1, ohne die Zulassung der Abweichung nach § 66 oder ohne Teilbaugenehmigung nach § 73 oder abweichend davon oder abweichend von den nach § 61 Abs. 3 Satz 1 eingereichten Unterlagen Anlagen errichtet, ändert oder nutzt,

3a.

   entgegen § 60 Abs. 3 Satz 2 und 3 die Beseitigung von Anlagen nicht rechtzeitig anzeigt und bei nicht freistehenden Gebäuden die Standsicherheit des Gebäudes oder der Gebäude, an die das zu beseitigende Gebäude angebaut ist, nicht durch einen qualifizierten Tragwerksplaner oder eine qualifizierte Tragwerksplanerin beurteilen lässt und im erforderlichen Umfang nachweist,

4.

   entgegen § 61 Abs. 3 Satz 2, 3 und 6 mit der Ausführung eines Bauvorhabens ohne Einhaltung der Frist beginnt,

5.

   Fliegende Bauten ohne Ausführungsgenehmigung nach § 75 Abs. 2 oder ohne Anzeige und Abnahme nach § 75 Abs. 5 in Gebrauch nimmt,

6.

   entgegen § 60 Abs. 3 Satz 5 in Verbindung mit § 71 Abs. 6 Nr. 3 und Abs. 8 die Beseitigung von Anlagen und die Wiederaufnahme der Beseitigungsarbeiten nach einer Unterbrechung von mehr als drei Monaten nicht rechtzeitig der Bauaufsichtsbehörde schriftlich mitteilt,

6a.

entgegen § 71 Abs. 6 mit Bauarbeiten beginnt, wenn die Baugenehmigung nicht zugegangen ist, die Prüfung bautechnischer Nachweise nicht erfolgt ist und die Anzeige des Baubeginns nicht rechtzeitig vorliegt,

6b.

entgegen § 81 Abs. 1 Satz 2 ohne Zustimmung Bauarbeiten fortsetzt,

6c.

entgegen § 81 Abs. 2 Satz 1 und 2 ohne die rechtzeitige Anzeige der Aufnahme der Nutzung und in den Fällen des § 80 Abs. 2 Satz 2 ohne die Vorlage der Bestätigung eine nicht verfahrensfreie bauliche Anlage nutzt,

7.

die Anzeige des Baubeginns oder der Wiederaufnahme nach § 71 Abs. 8 nicht oder nicht fristgerecht erstattet,

8.

Bauprodukte mit dem Ü-Zeichen kennzeichnet, ohne dass dafür die Voraussetzungen nach § 22 Abs. 4 vorliegen,

9.

Bauprodukte entgegen § 17 Abs. 1 Satz 1 Nr. 1 ohne das Ü-Zeichen verwendet,

10.

Bauarten entgegen § 21 ohne allgemeine bauaufsichtliche Zulassung, allgemeines bauaufsichtliches Prüfzeugnis oder Zustimmung im Einzelfall anwendet,

11.

als Bauherr oder Bauherrin, Entwurfsverfasser oder Entwurfsverfasserin, Unternehmer oder Unternehmerin, Bauleiter oder Bauleiterin sowie als deren Vertreter oder Vertreterin den Vorschriften der § 52 Abs. 1, § 53 Abs. 1 Satz 3, § 54 Abs. 1 oder § 55 Abs. 1 zuwiderhandelt,

12.

entgegen § 5 Abs. 2 Zu- oder Durchfahrten sowie Aufstell- und Bewegungsflächen nicht ständig freihält oder Fahrzeuge dort abstellt,

13.

    entgegen § 71 Abs. 7 Satz 2 die erforderlichen Unterlagen an der Baustelle nicht vorliegen hat oder

14.

    entgegen § 11 Abs. 3 das erforderliche Bauschild nicht oder nicht ausreichend sichtbar auf der Baustelle anbringt.

Ist eine Ordnungswidrigkeit nach Satz 1 Nrn. 8 bis 10 begangen worden, können Gegenstände, auf die sich die Ordnungswidrigkeit bezieht, eingezogen werden; § 23 des Gesetzes über Ordnungswidrigkeiten ist anzuwenden.

(2) Ordnungswidrig handelt auch, wer wider besseres Wissen

1.

    unrichtige Angaben macht oder unrichtige Pläne oder Unterlagen vorlegt, um einen nach diesem Gesetz vorgesehenen Verwaltungsakt zu erwirken oder zu verhindern,

2.

    als Prüfingenieur oder Prüfingenieurin im Sinne der Verordnung aufgrund des § 84 Abs. 2 Satz 1 Nr. 1 unrichtige Prüfberichte erstellt oder als Prüfsachverständiger oder Prüfsachverständige im Sinne der Verordnung aufgrund des § 84 Abs. 2 Satz 1 Nr. 2 unrichtige Bescheinigungen über die Einhaltung bauordnungsrechtlicher Anforderungen ausstellt oder

3.

    unrichtige Angaben in dem Kriterienkatalog nach § 65 Abs. 3 Satz 1 Nr. 3 macht.

(3) Die Ordnungswidrigkeit kann mit einer Geldbuße bis zu fünfhunderttausend Euro geahndet werden.

(4) Verwaltungsbehörde im Sinne des § 36 Abs. 1 Nr. 1 des Gesetzes über Ordnungswidrigkeiten ist in den Fällen des Absatzes 1 Satz 1 Nrn. 8 bis 10 die oberste Bauaufsichtsbehörde, in den übrigen Fällen die untere Bauaufsichtsbehörde.

§ 84
Verordnungsermächtigungen

(1) Zur Verwirklichung der in § 3 Abs. 1 und 2 bezeichneten Anforderungen wird die oberste Bauaufsichtsbehörde ermächtigt, durch Verordnung Vorschriften zu erlassen über

1.

die Konkretisierung der an das Grundstück und seine Bebauung, an bauliche Anlagen, allgemeine Anforderungen an die Bauausführung, an Bauprodukte und Bauarten, an Wände, Decken und Dächer, an Rettungswege, Öffnungen und Umwehrungen, an die technische Gebäudeausrüstung sowie an die nutzungsbedingten Anforderungen gestellten Bedingungen nach den §§ 4 bis 47 und 49,

2.

die näheren Bestimmungen über Anforderungen für Feuerungsanlagen, sonstige Anlagen zur Wärmeerzeugung und Brennstoffversorgung nach § 41,

3.

die Anforderungen an Garagen nach § 2 Abs. 7 Satz 2,

4.

die besonderen Anforderungen oder Erleichterungen, die sich aus der besonderen Art oder Nutzung der baulichen Anlagen für Errichtung, Änderung, Unterhaltung, Betrieb und Nutzung ergeben nach § 50, sowie über die Anwendung solcher Anforderungen auf bestehende bauliche Anlagen dieser Art,

5.

die Erst-, Wiederholungs- und Nachprüfung von Anlagen, die zur Verhütung erheblicher Gefahren oder Nachteile ständig ordnungsgemäß unterhalten werden müssen, und die Erstreckung dieser Nachprüfungspflicht auf bestehende Anlagen und

6.

die Anwesenheit fachkundiger Personen beim Betrieb technisch schwieriger baulicher Anlagen und Einrichtungen, wie Bühnenbetriebe und technisch schwieriger Fliegender Bauten, einschließlich des Nachweises der Befähigung dieser Personen.

(2) Die oberste Bauaufsichtsbehörde wird ermächtigt, durch Verordnung Vorschriften zu erlassen über

1.

Prüfingenieure, Prüfingenieurinnen und Prüfämter, denen bauaufsichtliche Prüfaufgaben einschließlich der Bauüberwachung und der Bauzustandsbesichtigung übertragen werden, sowie

2.

Prüfsachverständige, die im Auftrag des Bauherrn, der Bauherrin oder des sonstigen nach Bauordnungsrecht Verantwortlichen die Einhaltung bauordnungsrechtlicher Anforderungen prüfen und bescheinigen.

Die Verordnungen nach Satz 1 regeln, soweit erforderlich,

1.

die Fachbereiche und die Fachrichtungen, in denen Prüfingenieure, Prüfingenieurinnen und Prüfämter im Sinne der Verordnung nach Satz 1 Nr. 1 oder Prüfsachverständige im Sinne der Verordnung nach Satz 1 Nr. 2 tätig werden,

2.

die Anerkennungsvoraussetzungen und das Anerkennungsverfahren,

3.

das Erlöschen, die Rücknahme und den Widerruf der Anerkennung einschließlich der Festlegung einer Altersgrenze,

4.

die Aufgabenerledigung und

5.

die Vergütung.

(3) Die oberste Bauaufsichtsbehörde wird ermächtigt, durch Verordnung Vorschriften zu erlassen über

1.

Umfang, Inhalt und Zahl der erforderlichen Unterlagen einschließlich der Vorlagen bei der Anzeige der beabsichtigten Beseitigung von Anlagen nach § 60 Abs. 3 Satz 1 und bei der Genehmigungsfreistellung nach § 61 Abs. 3,

2.

die erforderlichen Anträge, Anzeigen, Nachweise, Bescheinigungen und Bestätigungen, auch bei verfahrensfreien Bauvorhaben,

3.

das bauordnungsrechtliche Verfahren im Einzelnen.

Sie kann dabei für verschiedene Arten von Bauvorhaben unterschiedliche Anforderungen und Verfahren festlegen.

(4) Die oberste Bauaufsichtsbehörde wird ermächtigt, durch Verordnung

1.

die Zuständigkeit für die Zustimmung und den Verzicht auf Zustimmung im Einzelfall nach § 20

a)

auf unmittelbar der obersten Bauaufsichtsbehörde nachgeordnete Behörden oder auf eine Behörde eines anderen Landes, die der Aufsicht einer obersten Bauaufsichtsbehörde untersteht oder an deren Willensbildung die oberste Bauaufsichtsbehörde mitwirkt,

b)

für Bauprodukte, die in Baudenkmalen nach dem Denkmalschutzgesetz des Landes Sachsen-Anhalt verwendet werden sollen, allgemein oder für bestimmte Bauprodukte auf die untere Bauaufsichtsbehörde

zu übertragen,

2.

die Zuständigkeit für die Anerkennung von Prüf-, Zertifizierungs- und Überwachungsstellen nach § 25 auf andere Behörden zu übertragen; die Zuständigkeit kann auch auf eine Behörde eines anderen Landes übertragen werden, die der Aufsicht einer obersten Bauaufsichtsbehörde untersteht oder an deren Willensbildung die oberste Bauaufsichtsbehörde mitwirkt,

3.

das Ü-Zeichen festzulegen und zu diesem Zeichen zusätzliche Angaben zu verlangen,

4.

das Anerkennungsverfahren nach § 25, die Voraussetzungen für die Anerkennung, ihre Rücknahme, ihren Widerruf und ihr Erlöschen zu regeln, insbesondere auch Altersgrenzen festzulegen, sowie eine ausreichende Haftpflichtversicherung zu fordern.

(5) Die oberste Bauaufsichtsbehörde wird ermächtigt, durch Verordnung für bestimmte Fliegende Bauten die Aufgaben der Bauaufsichtsbehörde nach § 75 Abs. 1 bis 8 ganz oder teilweise auf andere Stellen auch außerhalb des Landes Sachsen-Anhalt zu übertragen und die Vergütung dieser Stellen zu regeln.

(6) Die oberste Bauaufsichtsbehörde wird ermächtigt, durch Verordnung zu bestimmen, dass die Anforderungen der aufgrund des § 34 des Produktsicherheitsgesetzes und des § 49 Abs. 4 des Energiewirtschaftsgesetzes erlassenen Verordnungen entsprechend für Anlagen gelten, die weder gewerblichen noch wirtschaftlichen Zwecken dienen und in deren Gefahrenbereich auch keine Arbeitnehmer beschäftigt werden. Sie kann auch die Verfahrensvorschriften dieser Gesetze und Verordnungen für anwendbar erklären oder selbst das Verfahren bestimmen sowie Zuständigkeiten und Gebühren regeln. Dabei kann sie auch vorschreiben, dass danach zu erteilende Erlaubnisse die Baugenehmigung oder die Zustimmung nach § 76 einschließlich der zugehörigen Abweichungen nach § 66 einschließen sowie dass § 35 Abs. 2 des Produktsicherheitsgesetzes insoweit Anwendung findet.

(7) Die oberste Bauaufsichtsbehörde wird ermächtigt, durch Verordnung die Zulässigkeit der elektronischen Form in Verfahren nach diesem Gesetz und aufgrund dieses Gesetzes erlassener Vorschriften zu regeln.

§ 85
Örtliche Bauvorschriften

(1) Die Gemeinden können örtliche Bauvorschriften erlassen, wenn dies für die Weiterentwicklung einer schon vorhandenen und besonders gestalteten Ortslage erforderlich ist und die Gemeinde diese Vorgaben bei der Gestaltung im öffentlichen Verkehrsraum berücksichtigt, über

1.

    besondere Anforderungen an die äußere Gestaltung baulicher Anlagen, Werbeanlagen und Warenautomaten zur Erhaltung und Gestaltung von Ortsbildern,

2.

    das Verbot von Werbeanlagen und Warenautomaten aus ortsgestalterischen Gründen und

3.

    von § 6 abweichende Maße der Abstandsflächentiefe, soweit dies zur Gestaltung des Ortsbildes oder zur Verwirklichung der Festsetzungen einer städtebaulichen Satzung erforderlich ist und eine ausreichende Belichtung sowie der Brandschutz gewährleistet sind.

Darüber hinaus können Gemeinden örtliche Bauvorschriften erlassen, die den besonderen Charakter oder die Gestaltung des Ortsbildes und der Baukultur regeln (Gestaltungssatzung). Gemeinden sollen örtliche Bauvorschriften erlassen, wenn Teile der Gemeinde von schädlichen Einflüssen gemäß § 13 betroffen sind. Gemeinden können außerdem örtliche Bauvorschriften erlassen über

1.

Zahl, Größe und Beschaffenheit der notwendigen Stellplätze sowie Abstellplätze für Fahrräder nach § 48 Abs. 1, die unter Berücksichtigung der Sicherheit und Leichtigkeit des Verkehrs, der Bedürfnisse des ruhenden Verkehrs und der Erschließung durch Einrichtungen des öffentlichen Personennahverkehrs für bauliche Anlagen erforderlich sind, einschließlich des Mehrbedarfs bei Änderungen oder Nutzungsänderungen der baulichen Anlagen, und

2.

die Ablösung der Herstellungspflicht und die Höhe der Ablösebeträge im Rahmen des § 48 Abs. 2 und 3, die nach Art der Nutzung und Lage der baulichen Anlage unterschiedlich geregelt werden kann.

(2) Die Gemeinde erlässt die örtlichen Bauvorschriften als Satzung im eigenen Wirkungskreis. Die Gemeinde kann in den örtlichen Bauvorschriften bestimmen, dass die Errichtung und die Änderung von Anlagen, an die die örtlichen Bauvorschriften nach Absatz 1 Satz 1 Nrn. 1 und 2 Anforderungen stellen, insoweit einer schriftlichen Genehmigung der Gemeinde bedürfen. Über Abweichungen von den örtlichen Bauvorschriften nach Satz 2 entscheidet die Gemeinde. Ist eine baurechtliche Genehmigung oder an ihrer Stelle eine baurechtliche Zustimmung erforderlich, schließt diese die nach der örtlichen Bauvorschrift erforderliche Genehmigung oder Abweichung ein, die Genehmigung oder die Abweichung wird im Einvernehmen mit der Gemeinde erteilt.

(3) Örtliche Bauvorschriften können auch durch Bebauungsplan oder, soweit das Baugesetzbuch dies vorsieht, durch andere Satzungen nach den Vorschriften des Baugesetzbuches erlassen werden. Bei der Aufstellung und Änderung von örtlichen Bauvorschriften sind die Vorschriften der §§ 1 bis 4c, §§ 8 bis 10 und §§ 14 bis 18 sowie die §§ 214 und 215 des Baugesetzbuches entsprechend anzuwenden.

(4) Anforderungen nach den Absätzen 1 und 2 können innerhalb der örtlichen Bauvorschriften auch in Form zeichnerischer Darstellungen gestellt werden. Ihre Bekanntgabe kann dadurch ersetzt werden, dass dieser Teil der örtlichen Bauvorschriften bei der Gemeinde zur Einsicht ausgelegt wird; hierauf ist in den örtlichen Bauvorschriften hinzuweisen.

§ 86
Bestehende bauliche Anlagen

(1) Werden in diesem Gesetz oder aufgrund dieses Gesetzes erlassener Vorschriften andere Anforderungen als nach früherem Rechte gestellt, so kann

verlangt werden, dass bestehende oder nach genehmigten Bauvorlagen bereits begonnene bauliche Anlagen angepasst werden, wenn dies wegen der Sicherheit oder Gesundheit erforderlich ist.

(2) Sollen bauliche Anlagen wesentlich geändert werden, so kann gefordert werden, dass auch die nicht unmittelbar berührten Teile der baulichen Anlage die Anforderungen dieses Gesetzes oder die Anforderungen der aufgrund dieses Gesetzes erlassenen Vorschriften erfüllen, wenn

1.

die Bauteile, die diesen Vorschriften nicht mehr entsprechen, mit den beabsichtigten Arbeiten in einem konstruktiven Zusammenhang stehen und

2.

die Durchführung dieser Vorschriften bei den von den Arbeiten nicht berührten Teilen der baulichen Anlage keine unzumutbaren Mehrkosten verursacht.

§ 87

Übergangsvorschriften

(1) Für die Verfahren, die vor dem Zeitpunkt des Inkrafttretens nach Artikel 5 Abs. 1 des Gesetzes zur Änderung der Bauordnung des Landes Sachsen-Anhalt und zur Regelung der Zuständigkeiten für die Marktüberwachung eingeleitet wurden, sind die Vorschriften des Artikels 1 des Gesetzes zur Änderung der Bauordnung des Landes Sachsen-Anhalt und zur Regelung der Zuständigkeiten für die Marktüberwachung nur anzuwenden, wenn der Antragsteller oder die Antragstellerin dies bestimmt.

(2) Solange § 20 Abs. 1 der Baunutzungsverordnung zur Begriffsbestimmung des Vollgeschosses auf Landesrecht verweist, gelten Geschosse als Vollgeschosse, wenn deren Deckenoberfläche im Mittel mehr als 1,60 m über die Geländeoberfläche hinausragt und sie über mindestens zwei Drittel ihrer Grundfläche eine lichte Höhe von mindestens 2,30 m haben. Zwischendecken oder Zwischenböden, die unbegehbare Hohlräume von einem Geschoss abtrennen, bleiben bei der Anwendung des Satzes 1 unberücksichtigt. In Wohngebäuden der Gebäudeklassen 1 und 2 gelten Geschosse, die über mindestens zwei Drittel ihrer Grundfläche eine für Aufenthaltsräume in solchen Gebäuden erforderliche lichte Höhe haben, als Vollgeschosse.

(3) Für Städte und Gemeinden, denen bis zum Inkrafttreten dieses Gesetzes nach Artikel 6 Abs. 2 Satz 1 des Dritten Investitionserleichterungsgesetzes nach § 63 Abs. 1 Satz 2 der Bauordnung Sachsen-Anhalt die Aufgaben der unteren Bauaufsichtsbehörde ganz oder teilweise übertragen sind, ist § 63 Abs. 1 Satz 2 der Bauordnung Sachsen-Anhalt in der bis zum Inkrafttreten dieses Gesetzes geltenden Fassung weiterhin anzuwenden.

Über eine Bewertung bei Amazon oder anderen Distributoren freut sich die Redaktion.Mit Kritik und Verbesserungsvorschlägen für künftige Ausgaben wenden Sie sich auch gerne an MGJV.Verlag@gmail.com

Vielen Dank, Ihre Redaktion MGJV

www.ingramcontent.com/pod-product-compliance
Lightning Source LLC
Chambersburg PA
CBHW070830180526
45168CB00002B/789